Stricken lernen mit eliZZZa

Stricken lernen mit eliZZZa

Verlag Perlen-Reihe

Aus Gründen der besseren Lesbarkeit wird auf die gleichzeitige Verwendung männlicher und weiblicher Sprachformen verzichtet. Sämtliche Personenbezeichnungen gelten selbstverständlich für beiderlei Geschlecht.

Seit 2011 wird die Perlen-Reihe umweltfreundlich aus FSC-zertifiziertem Papier hergestellt, mit Pflanzenölfarben gedruckt und klimaneutral produziert.
FSC, Zert.-Nr. C011912 | Klimaneutral drucken, 1.500,63 kg Kompensation CO_2

CLIMATEAUSTRIA Klimaneutral gedruckt

FSC www.fsc.org MIX Papier aus verantwortungsvollen Quellen FSC® C011912

Impressum

Band 720
1. Auflage

www.perlen-reihe.at

Umschlagkonzept: David Wagner
Umschlagillustration: Peter Jani
Fotografie Anleitungsfotos: Stefan Liewehr
Fotografie Modelle: Henrik Harms
Lektorat: Ina Cassik, Stefanie Jaksch
Satz: Sheila Ehm
Druck und Bindung: Grasl FairPrint
Printed in Austria
ISBN 978-3-99006-021-6

Inhalt

Zu diesem Buch

Die Entstehungsgeschichte des vor Ihnen liegenden Buchs zeigt, dass es auch in Zeiten des Internets, mit frei zugänglichen Informationen für alle und zu jeder Zeit, eine Nachfrage nach Ratgebern in Buchform gibt.

Die Autorin eliZZZa ist im Brotberuf Webdesignerin und betreibt eine der international erfolgreichsten Websites zum Thema Stricken und Häkeln. In ihrem Kanal auf YouTube präsentiert sie über 600 Videoanleitungen, die insgesamt bereits über 25 Millionen Zugriffe aus der ganzen Welt verzeichnen (Stand Juli 2012).

Kein Wunder also, dass wir bei unserer Recherche für ein Buch zum Thema Stricken in der Perlen-Reihe schnell auf eliZZZa stießen. Als wir uns an sie wandten, um sie als Autorin zu gewinnen, rannten wir sprichwörtlich offene Türen ein, denn von ihrer Fangemeinde im Web wurde sie immer wieder gefragt, ob es ihre leicht verständlichen Erklärungen und die Anleitungen für die originellen Modelle nicht auch als Buch gäbe.

Das Ergebnis halten Sie nun in Händen.

„Stricken lernen mit eliZZZa" ist als Strickschule für Anfänger konzipiert, eignet sich aber auch als Nachschlagewerk für alle, die schon Stricken können, ihre Fertigkeiten aber verbessern oder sich Anregungen für neue Kreationen holen möchten. Vom Anschlag der allerersten Masche bis zu verfeinerten Techniken wie dem Zopfen führt eliZZZa Schritt für Schritt in die Kunst des

Strickens ein. Zahlreiche Fotos erleichtern das Verständnis. So wird Stricken zum Kinderspiel!

Immer, wenn Sie dieses Zeichen sehen, finden Sie zusätzliches Video-Bonusmaterial auf unserer Website **www.perlen-reihe.at**

Das Buch ist so handlich, dass es in die kleinste Tasche passt. Es ist so gebunden, dass Sie es aufgeschlagen vor sich hinlegen können und so beim Stricken die Möglichkeit haben, immer wieder einen Blick hineinzuwerfen, ohne jedes Mal erneut die gerade benützte Seite suchen zu müssen.

„Stricken lernen mit eliZZZa" ist mehr als ein Strickkurs. Es ist die Einladung der Autorin, ihre Leidenschaft für das Häkeln und ihre Lust an Farben und Garnen zu teilen. Alle Modelle sind Eigenkreationen, alle Tipps und Empfehlungen – z. B. zu bevorzugten Herstellern oder Arbeitsweisen – spiegeln die persönliche Meinung der Autorin wider und erheben keinen Anspruch auf Objektivität.

Vertrauen Sie sich eliZZZa an und Sie werden sehen: Stricken macht süchtig.

Vorwort

Julia Roberts tut es, Cameron Diaz tut es: Millionen Frauen und Männer jeden Alters finden Entspannung und Freude am kreativen Schaffen beim leisen Klappern der Nadeln. Lass Dich entführen in eine Welt betörender Farben, schmeichelweicher Materialien und ungezügelter, nie enden wollender Kreativität.

Ich wünsche mir, dass Du mit diesem Büchlein einen Schatz entdeckst, der Dich ein Leben lang durch dick und dünn begleiten wird. Wenn Du Fragen hast, dann besuche doch unsere Schäfchenherde im Internet und hol Dir Hilfe, Lob und Inspiration!

Deine eliZZZa

Unsere Schäfchenweide im Internet:
http://www.nadelspiel.com/
Mehr als 600 Video-Anleitungen:
http://www.youtube.com/eliZZZa13/
Deine Werke präsentieren & Gleichgesinnte treffen: http://club.nadelspiel.com/
Unsere nadelspiel-Gruppe auf Facebook:
http://www.facebook.com/groups/nadelspiel/

Danke!

Ein Strickbuch zu verfassen ist eine Sache. Aber ohne die Unterstützung vieler guter Geister wäre so ein Vorhaben nicht zu realisieren. Und so möchte ich hier ein herzliches Dankeschön hinterlassen, und zwar für:

Traudi Nevosad, meine unermüdliche Tag- und Nacht-, Rauf- und Runter-, Kreuz- und Quer-Strickerin, die aus meinen Vorstellungen greifbare Modelle zaubert und dazu noch ihre eigenen Ideen einbringt.

Tante Lore, die regelmäßig für Ordnung in meinem Wollchaos sorgt – ohne Dich, liebe Lore, wäre ich längst unter zentnerschweren Wollbergen vermodert und von Motten zerfressen.

„Unsere“ Lila, die das nadelspiel-Schiff zuverlässig und sicher steuert, wenn ich unter Deck verschollen bin und die mit unglaublicher Geduld und Kompetenz die kleinen und großen Fragen unserer Schäfchen betreut.

Stefan & Barbara für vergnügliche und professionelle Fotoshootings (und die Verpflegung zwischendurch nicht zu verachten und zu vergessen).

Henrik für kreative, unkomplizierte und flexible Modell-Shootings.

Ida, Flora, Sarah, Claudia, Ursi & Anja für geduldiges und gut gelauntes Modellstehen.

Ulla, Ina & Steffi vom Verlag Perlen-Reihe für ihre geduldige und umsichtige Autorenbetreuung.

Nicht zuletzt möchte ich mich bei allen Schäfchen und allen anderen lieben Menschen ganz herzlich bedanken, dass sie so geduldig ausgeharrt und mir die Treue gehalten haben, während ich so wenig Zeit für sie übrig hatte ...

Von Angora bis Zellulose – die richtige Wahl

Gute Garne müssen nicht teuer sein – wähle für Deine ersten Versuche qualitativ hochwertige Markengarne! Ein wesentliches Kriterium für die Lust am Stricken ist die Lust am Material – und natürlich an den Farben. Deine ersten Ergebnisse werden dadurch gleichmäßiger, der Erfolg stellt sich schneller ein.

Natur pur, gemischt oder synthetisch

Wenn Du in ein Wollfachgeschäft gehst, wird Dich die Fülle an unterschiedlichen Materialien überwältigen. Von A wie Angora über M wie Merino bis Z wie Zellulose reicht die Vielfalt der Garne.

Die Wahl der Materialzusammensetzung ist oft nicht nur eine Frage der optischen Präferenz sondern auch der Empfindlichkeit, also wie gut man unterschiedliche Garne auf der Haut verträgt.

Ein paar Grundsätze zur Materialwahl

Je nach Zusammensetzung des Garns fallen die folgenden wesentlichen Merkmale unterschiedlich aus:

- Elastizität
- Pflegeeigenschaften
- Lauflänge
- empfohlene Nadelstärke
- Maschenprobe

Nachfolgend ein Überblick über die gebräuchlichsten Garne.

Beispiele für tierische Garne

Alpakawolle wird von den Nachfahren der Vikunjas gewonnen, einer kleinen südamerikanischen Kamelart. Aufgrund seiner feinen und weichen Beschaffenheit zählt Alpaka zu den edelsten Naturfasern. Die dezent glänzende Wolle wird in mehr als zwanzig natürlichen Farben geschoren und zeichnet sich durch hohe Elastizität und Strapazierfähigkeit aus. Alpaka speichert Körperwärme sehr viel besser als andere Wollarten. Die Fasern sind schwer brennbar, enthalten kein Lanolin und sind daher auch für Wollallergiker geeignet.

Angorawolle wird aus den Haaren des Angorakaninchens gesponnen. Die hervorragenden Eigenschaften bezüglich Feuchtigkeitsaufnahme und Wärmespeicherung machen Angorawolle so beliebt für Thermo- und Rheuma-Unterwäsche. Allerdings sind die feinen Härchen nicht für jeden Menschen gut verträglich.

Kamelhaar wird im Frühjahr aus dem Flaum junger Kamele gekämmt. Kamelwolle ist eine Hohlfaser mit besten Eigenschaften bezüglich Feuchtigkeitsaufnahme und Temperaturausgleich. Die Wolle trocknet schnell, da Kamelhaar weitgehend schuppenfrei ist.

Auch **Kaschmir (Cashmere)** wird durch Kämmen von Unterwolle gewonnen. Lieferant ist die Kaschmirziege. Reine Kaschmirwolle ist aufgrund ihrer feinen und bestens wärmenden Qualität besonders wertvoll und teuer, daher findest Du meist Mischungen mit anderen Wollqualitäten.

Als **Merino** bezeichnet man die Wolle von Merinoschafen. Merinowolle ist feiner und weicher als die Fasern anderer Wollschafe.

Mohair liefert uns die Angoraziege. Kid-Mohair nennt man die Wolle von jungen Tieren. Mohairwolle ist federleicht und gehört ebenfalls zu den edlen und teuren Materialien. Auch für Mohair gilt, dass die feinen Härchen nicht von allen Menschen gut vertragen werden.

Schurwolle bedeutet, dass die Wolle von lebenden Schafen geschoren wurde. Schurwolle wird vielfach veredelt und so zum Beispiel mit „Super wash"-Eigenschaften ausgestattet. Diese Behandlung ermöglicht uns, reine Wolle auch in der Maschine zu waschen.

Reine Wolle wird übrigens von vielen Menschen als kratzig empfunden und ist für Babys eher nicht geeignet. Daher wird Wolle für bessere Pflege- und Trageeigenschaften oft mit synthetischen Fasern kombiniert.

Beispiele für pflanzliche Garne

Bambusgarn wird aus Fasern von Bambuspflanzen hergestellt und ist samtweich. Die Trageeigenschaften sind mit jenen von Seide vergleichbar, Bambusgarne kühlen im Sommer und wärmen im Winter.

Baumwolle wird aus den Samenhaaren von Baumwollpflanzen hergestellt. Die hohe Hautfreundlichkeit von Baumwollgarnen basiert vor allem auf der extrem hohen Aufnahmefähigkeit von Feuchtigkeit. Wenn Baumwolle verantwortungsvoll angebaut und verarbeitet wird, ist sie gut für Allergiker geeignet.

Leinen wird aus den Stängeln der Flachspflanze gewonnen. Seine guten Eigenschaften bezüglich Feuchtigkeitsaufnahme, Temperaturausgleich, Durchlässigkeit und kurzer Trockenzeiten machen Leinen zum idealen Sommergarn.

Viskose steht zwischen den pflanzlichen und den synthetischen Garnen, da es auf Zellulose basiert, dann aber mit Hilfe des sogenannten Viskoseverfahrens industriell verarbeitet wird. Viskose ist üblicherweise ein samtweiches, dezent glänzendes Garn mit ähnlich guten Eigenschaften wie Baumwolle.

Beispiele für synthetische Garne

- Mikrofaser
- Nylon
- Polyacryl
- Polyamid
- Polyester

Synthetische Garne werden meist natürlichen beigemengt, einerseits um Garne pflegeleichter zu machen, andererseits um die Strapazierfähigkeit (z.B. Sockenwolle) zu verbessern. Hervorzuheben sind hier die sogenannten Mikrofasergarne, die durch eine spezielle Behandlung bzw. Verarbeitung von Kunstfasern wie zum Beispiel Polyacryl und Polyamid entstehen. Während reine Poly-Garne nicht angenehm zu tragen sind (so meine subjektive Meinung), fühlt sich das gleiche Material als Mikrofaser traumhaft auf der Haut an. Jedenfalls ist das meine Erfahrung.

Sowohl bei natürlichen als auch bei synthetischen Garnen wird ständig mit neuen Qualitäten und Grundstoffen experimentiert, um uns Strickbegeisterten noch bessere Materialeigenschaften zu bieten. Von A wie Algen über M wie Milchfasern und O wie Opossum bis hin zu Y wie Yakwolle reichen die Neuerungen auf dem Garnmarkt.

Sockenwolle, Lacegarn, Filzwolle etc.

Darüber hinaus gibt es auch Garne für spezielle Anforderungen. Auch dazu ein paar Beispiele:

Sockenwolle ist meist Mischgarn etwa im Verhältnis 75% Wolle/Merino und 25% Polyacryl. Diese Mischung sorgt einerseits für eine bessere Strapazierfähigkeit, andererseits für bessere Pflegeeigenschaften der Strickstücke.

Als **Lacegarn** wird üblicherweise ein besonders feines Merinogarn mit einer Lauflänge von rd. 400 m pro 50 g bezeichnet. Dieses Material bringt feine Ajourmuster für Tücher, Schals und Stolen besonders gut zur Geltung.

Filzwolle ist Schafwolle ohne jede „Pflegeleicht-Behandlung“, die zum Strickfilzen eingesetzt wird.

Effektgarne und Mustergarne

Neben einfarbigen Qualitäten findest Du auch eine riesige Auswahl an sogenannten Effektgarnen. Garne mit Lurex, Noppen, Fransen, Perlen oder verschiedenen Strukturen können mit einfachen Garnen kombiniert oder für ganze Strickmodelle verwendet werden. Auch bei den Farbeffekten ist das Angebot groß: Garnstränge werden so eingefärbt, dass Streifen oder feine Jacquardmuster beim Stricken ganz von alleine entstehen. Experimentiere einfach und lass Dich von den Ergebnissen überraschen.

Garne beim Lebensmitteldiskonter kaufen?

Dagegen ist grundsätzlich natürlich nichts einzuwenden, allerdings sind doch einige Punkte zu bedenken:

- Achte auf die Qualität! Billigstgarne sind oft reine Kunstfaser oder haben einen hohen Kunstfaseranteil.
- Reklamation ist mitunter schwierig.
- Oft handelt es sich um Sonderposten, die nicht nachbestellbar sind.

Wenn Du diese Punkte bedenkst, spricht nichts dagegen, auch einmal bei solchen Billigstangeboten an Sockenwolle oder Effektgarnen zuzuschlagen. Besonders im Sommer sehe ich oft gute Baumwollgarne zu sehr günstigen Preisen.

Garnstärken

Sowohl allzu dünne als auch allzu dicke Garne sind eher anstrengend zu stricken. Die Gefahr ist größer, die Finger zu verkrampfen. Ideal für Deine ersten Versuche ist ein Garn mit einer Stärke passend zu Nadelstärke 4 bis 5 mm.

Meine Empfehlung: Omega von LANG Yarns, ein kuschelweiches, pflegeleichtes, reines Mikrofasergarn, das es in fast vierzig kräftigen Farben gibt. Die Elastizität ist für Deine ersten Musterstücke perfekt. Zudem zeichnet

Omega ein sehr schönes Maschenbild und ist ein wunderbares Babygarn. Nicht zuletzt gehört es zu den besonders preisgünstigen Qualitäten.

Ich verwende dieses Garn aus verschiedenen Gründen bevorzugt in meinen Videos:

- Es gibt 3 Garnstärken: Omega Baby für Nadelstärke 3 mm, Omega für Nadeln 4 mm und Omega Plus für Nadeln 5 mm.
- Zusätzlich gibt es das Garn Omega-Color, ein mit kräftigen Farben bedrucktes Garn, das ganz von selbst schöne Muster für Babysachen und andere Strickmodelle zeichnet und sich wunderbar mit den uni Farben von Omega kombinieren lässt.

Darüber hinaus bevorzuge ich persönlich Merino-Seide-Mischungen, Garne mit einem eher geringen Anteil an Kunstfaser (max. 25%), Baumwolle-Viskose-Mischungen, Bambus-Garne und Mikrofaser.

Knäuel, Kone, Strang

Dein Garn kann in unterschiedlichen Formen angeboten werden – als Rundknäuel, ovales Knäuel, auf Karton gewickelt, auf spitz zulaufenden Konen (bei Handstrickgarnen eher unüblich) oder im Strang (oft bei handgefärbten Garnen). Danach richtet sich, wo Du den Anfangsfaden aufnimmst.

Strang: Diesen musst Du selbst zu einem Knäuel wickeln. Es gibt dafür eigene kleine Wickelgeräte.

Rundknäuel, ovale Knäuel: Suche den Faden in der Mitte des Knäuels und nimm diesen als Anfangsfaden.

Der Knäuel liegt ruhig und gibt das Garn gleichmäßig aus der Mitte ab. Wenn Du das außen liegende Fadenende verwendest, dann rollt Dein Knäuel ständig, was zu einer ungleichmäßigen Spannung beim Stricken führt. Aber auch in diesem Fall gibt es einen kleinen Trick: Lege Dein Knäuel in eine glatte Schüssel (z.B. eine Müslischale), dann rollt es gleichmäßig und leicht und macht sich nicht selbstständig.

Kartonknäuel, Kone: Der Anfangsfaden ist hier außen zu finden (manchmal ist er festgesteckt bzw. eingeklemmt).

Tipp: Wenn Du ein Knäuel ohne Hilfsgerät wickeln möchtest, dann sollte Dir jemand helfen und den Strang zwischen den Händen gespannt halten. Es geht aber auch ohne fremde Hilfe. In diesem Fall hänge ich den Strang auf und wickle vorsichtig ab – damit sich das Garn nicht verheddert.

So gelingt Dir ein gleichmäßig gewickelter Garnball: Wichtig ist, dass Du nicht zu fest wickelst! Beginne daher damit, den Faden ca. zehnmal um drei Finger einer Hand zu schlingen. Nimm diesen kleinen Strang nun von den Fingern, drücke ihn zusammen und halte ihn mit vier Fingern parallel zu diesen. Nun wickelst Du kreuzweise um die Mitte dieses kleinen Strangs wieder ca. zehnmal, arbeite dabei über zwei Finger. Lege nun dieses Gebilde in der Mitte zusammen (indem Du es um die zweite Wicklung „klappst“) und wickle wieder kreuzweise darüber. Halte immer zwei Finger dazwischen, dann wird der Knäuel nicht zu fest. So setzt Du fort, indem Du die einzelnen Wickelvorgänge immer ein wenig versetzt oder kreuzweise anordnest.

Die Visitenkarte eines Garns

Die Papiermanschette, die Dein Garn zusammenhält, nennt man auch „Banderole“. Sie informiert Dich über wichtige Eckdaten des Materials.
Üblicherweise findest Du die folgenden Angaben:

- **Name des Garns, Hersteller**
- **Farbnummer, Farbcharge**
- **Zusammensetzung:** Die Materialzusammensetzung wird in Prozent angegeben.
- **Lauflänge:** Die Lauflänge gibt darüber Auskunft, wie viele Meter Dein Garn pro Knäuel hat, also z. B. 400 m/50 g (das ist zum Beispiel die Lauflänge eines typischen „Lacegarns“). Dünnere Garne haben eine höhere Lauflänge, dickere Garne eine niedrigere. Wenn Du eine Strickanleitung mit einem anderen Garn arbeiten möchtest, so orientiere Dich in erster Linie an der Lauflänge. Am besten aber, Du kaufst ein Knäuel von einem Garn, das eventuell in Frage kommt und strickst eine Maschenprobe (siehe dazu S. 46).
- **Nadelstärke:** Die Angabe auf der Banderole ist eine Empfehlung. Die für Dich am besten geeignete Nadelstärke findest Du am besten mit einer Maschenprobe heraus.

- **Maschenprobe:** Auch dies ist nur eine allgemeine Empfehlung. Die Angabe zur Maschenprobe zeigt Dir an, wie viele Maschen in der Breite und wie viele Reihen in der Höhe 10 cm ergeben.
- **Verbrauch:** Ein kleines Pullover-Symbol zeigt Dir eine Mengenangabe für einen Pullover mittlerer Größe in Gramm.
- **Pflegehinweise:** Internationale Pflegesymbole weisen auf die optimale Behandlung Deines Strickstücks hin.
- Manchmal findest Du auf der Innenseite der Banderole auch eine Anleitung, z. B. für einen Schal.

Die gleichen Farbnummern können im Farbton unterschiedlich sein. Jede Färbung ist individuell und unterscheidet sich ein klein wenig. Nur Knäuel der gleichen Farbnummer *und* der gleichen Farbcharge wurden im gleichen Färbebad behandelt und haben exakt die gleiche Farbe. Schon ein minimaler Unterschied der Farben kann in einem Strickstück deutlich auffallen und stören. Nimm also besser 1–2 Knäuel mehr als zu wenig. Viele Handarbeitsläden reservieren Dir ein paar Knäuel der gleichen Farbcharge für eine gewisse Zeit oder bieten Dir an, nicht verwendete Knäuel zurückzunehmen.

Tipp: Hebe die Banderole Deines Garns auf! Das hilft beim Nachbestellen. Ganz Ordentliche legen einen Ordner an, in dem sie Banderolen samt Maschenproben und persönlichen Anmerkungen zum Garn sammeln.

Das richtige Werkzeug

Stricknadeln gibt es in großer Auswahl in verschiedenen Materialien – Metall, Holz in vielen Sorten, Bambus und Kunststoff.

Hier geht Probieren über Studieren. Zudem kann unterschiedliches Nadelmaterial für unterschiedliche Garne besser geeignet sein.

Jackenstricknadeln

Sogenannte Jackenstricknadeln sind gerade Nadeln aus Metall, Kunststoff oder Holz. Manche schwören darauf, aber aus Erfahrung kann ich sagen: Wer einmal Rundstricknadeln ausprobiert hat, möchte nicht mehr zu geraden Nadeln wechseln.

Rundstricknadeln

Bei Rundstricknadeln hängt das Strickstück auf den Nadeln und muss nicht bei jeder Bewegung mitgehoben werden. Das entlastet Arme und Hände beim Stricken. Auch Rundstricknadeln werden in verschiedenen Materialien angeboten, mit fixen Nadelseilen aus Kunststoff oder als Steck- oder Schraubsystem. Bei letzterem können die Nadeln ganz nach Bedarf auf Nadelseile unterschiedlicher Längen montiert werden. Bei Steck- oder Schraubsystemen gibt es Sets mit Nadelspitzen mit verschiedenen Stärken und mit Seilen verschiedener Längen.

Nadelspiel

Möchtest Du in Runden stricken, zum Beispiel Socken oder Mützen, dann ist ein Nadelspiel mit fünf Nadeln die richtige Wahl. Auch dieses gibt es in den angeführten Materialien und auch in unterschiedlichen Längen.

Unterschiede zwischen den Materialien

Mit welchem Nadelmaterial Du am liebsten strickst, findest Du am besten selbst heraus. Ein paar allgemeine Erfahrungen kann ich hier aber doch anführen.

Nadeln aus Metall sind sehr glatt und gleiten daher gut, das kann aber für Anfänger und bei sehr „rutschigen" Garnen auch von Nachteil sein. Metallnadeln sind relativ schwer und fühlen sich kalt an, sie sind daher für Menschen mit rheumatischen Problemen weniger geeignet.

Nadeln aus Kunststoff sind leicht, nicht kalt und gleiten nicht sehr gut. Das kann bei sehr glatten Garnen vorteilhaft, bei anderen Garnen aber hinderlich sein.

Nadeln aus Holz sind leicht, warm und gleiten perfekt mit allen Garnen. Die meisten, die einmal Holznadeln ausprobiert haben, möchten nie wieder ein anderes Material verwenden. Allerdings habe ich auch hier erhebliche Qualitätsunterschiede festgestellt. Die beste Qualität haben meiner Erfahrung nach KnitPro-Nadeln.

Mit **Bambusnadeln** habe ich persönlich weniger gute Erfahrungen gemacht, ich habe Nadelspiele aus Bambus getestet. Diese sind zwar extrem leicht, gleiten aber nicht nur schlecht, sondern das Garn blieb an den Fasern sogar hängen.

Nadelstärken

Nadelstärken entsprechen dem Durchmesser der Nadeln in Millimetern. Mit einem sogenannten Nadelmaß kannst Du Nadelstärken messen. Meist ist dies ein Kärtchen mit Löchern unterschiedlicher Durchmesser durch die Du Deine Nadeln stecken kannst, um die Stärke zu ermitteln.

Ein Beispiel für eine typische Nadelstärke zum Stricken von Socken ist 3 mm.

… fertig …

Nun kannst Du es sicher schon kaum mehr erwarten loszulegen. Suche Dir ein gemütliches Eckchen, angenehme Musik passt sehr gut zum leisen Klappern der Stricknadeln, auch eine Katze macht sich gut als Strickgefährte …

Stricken soll entspannen!

Warum ich das hier nochmals betone? Weil ich oft sehe, dass sich besonders Anfänger bei den ersten Versuchen, alle Bewegungen zu koordinieren, sehr stark verkrampfen. Schultern, Arme und Finger leiden. Die gute Nachricht: Du kannst von Anfang an Verspannungen vermeiden.

Wenn Du meinst, Deine Finger verkrampfen sich, oder wenn der Nacken schmerzt, lege eine Pause ein und versuche das nächste Mal Deine Schultern und Arme entspannt zu halten. Finde die angenehmste Sitzhaltung, die Dir erlaubt, Deine Strickarbeit bei entspannt hängenden Schultern bequem auf Deinem Schoß zu halten.

Tipp: Ich stricke meist an meinem Schreibtisch oder einem anderen nicht allzu hohen Tisch. Meine Unterarme liegen dabei auf dem Tisch. Dadurch muss ich auch den Kopf nicht zu sehr nach unten neigen, was mir persönlich – besser gesagt meinem Nacken – gar nicht gut bekommt.

Einige kleine Übungen, die bei verspannten „Strickmuskeln“ Wunder wirken:*

- Du sitzt mit geradem Rücken seitlich auf einem Stuhl, so dass Dein Rücken frei ist.
- Ziehe Deine Schultern nach hinten und unten. Verschränke Deine Hände und ziehe beide Arme nach vorne, etwa in Augenhöhe. Wippe mit den Armen leicht nach vorne, so dass Du alle Muskeln um Deine Schulterblätter spürst.
- Verschränke Deine Hände hinter dem Rücken und wippe mit Deinen gestreckten Armen nach oben.
- Lege Deine verschränkten Hände von hinten an Deinen Kopf und drücke den Kopf gegen die Hände.
- Lege Deine verschränkten Hände von vorne an Deine Stirn und drücke den Kopf gegen die Hände.
- Lege Deine linke Handfläche an Deine linke Schläfe und drücke den Kopf dagegen.
- Wiederhole die Übung mit der rechten Hand und Deiner rechten Schläfe.
- Ziehe Deine Schultern nach unten, drehe Deinen Kopf nach links und wippe nach links. Wippe mit dem Kopf auch nach unten.
- Die gleiche Übung in die andere Richtung wiederholen.

*Diese Übungen wurden von der Autorin erprobt. Alle Leser sollten jedoch nach eigenem Ermessen entscheiden, ob diese Anleitungen auch für sie geeignet sind.

Maschenanschlag

Der klassische Maschenanschlag wird auch Kreuzanschlag genannt. Er sorgt für eine saubere, gleichmäßige untere Kante von Strickstücken.

Du benötigst Garn und zwei Stricknadeln oder eine Rundstricknadel eine Nummer größer als auf der Banderole des Garns angegeben, damit der Maschenanschlag besonders elastisch wird.

Das Garn liegt links neben Dir oder links von Dir auf dem Boden. Ziehe nun ein langes Stück Garn aus der Mitte des Knäuels nach rechts.

Faustregel: 4 x die gewünschte Breite des Strickstücks als Anfangsfaden nach rechts frei lassen. Der übrig bleibende Faden kann später zum Vernähen verwendet werden.

Für den klassischen Maschenanschlag führst Du nun den Faden von vorne zwischen kleinem Finger und Ringfinger nach hinten, weiter an der Oberseite der Finger und wickelst den Faden dann zweimal von hinten nach vorne um den Zeigefinger. Danach führst Du den Faden von vorne nach hinten um den Daumen und klemmst den Faden dann zwischen Ringfinger und kleinem Finger oder Mittelfinger und Ringfinger ein (siehe Abb. 1, S. 28).

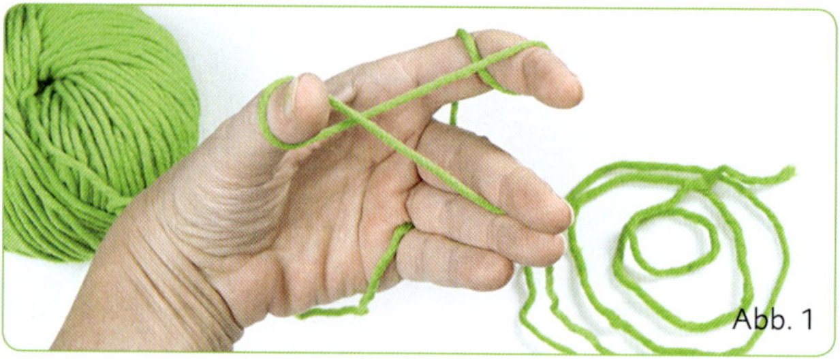
Abb. 1

Nun kommt die 1. Nadel ins Spiel

Du hältst die Stricknadel mit dem rechten Daumen an die vier anderen Finger Deiner rechten Hand. Wenn Du die Finger nun leicht krümmst, liegt die Nadel sicher in Deiner Hand.

Und so bildest Du die 1. Masche

a) Fasse mit der Spitze der Nadel von unten in die Daumenschlinge.
b) Hole den Faden, der zum Zeigefinger führt, durch die Daumenschlinge (siehe Abb. 2).
c) Lass die Masche vom Daumen auf die Nadel gleiten.
d) Fasse mit dem Daumen unter den Faden, der zur Masche führt.
e) Ziehe die Masche leicht an, indem Du den Faden anhebst (siehe Abb. 3).

Damit hast Du auch schon die nächste Daumenschlinge gebildet – und nun beginnst Du wieder bei a), während Du nun bereits eine Masche auf der rechten Nadel mit dem rechten Daumen festhältst (siehe Abb. 4).

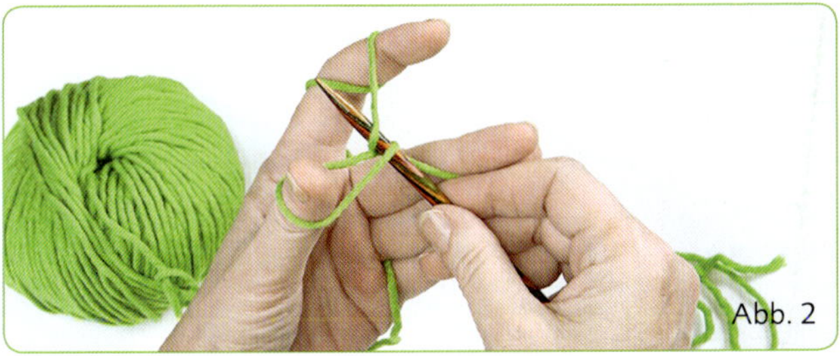

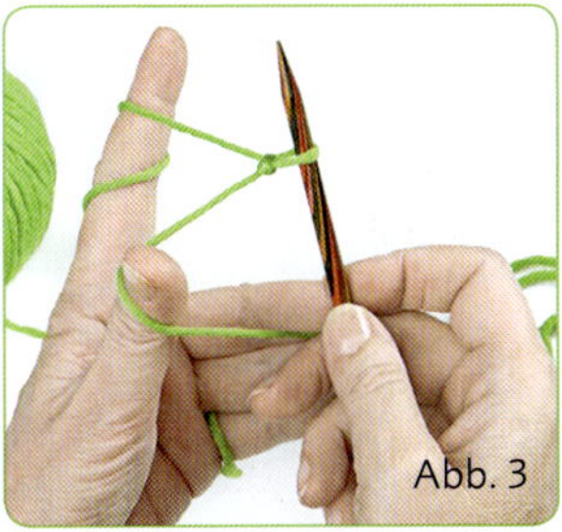

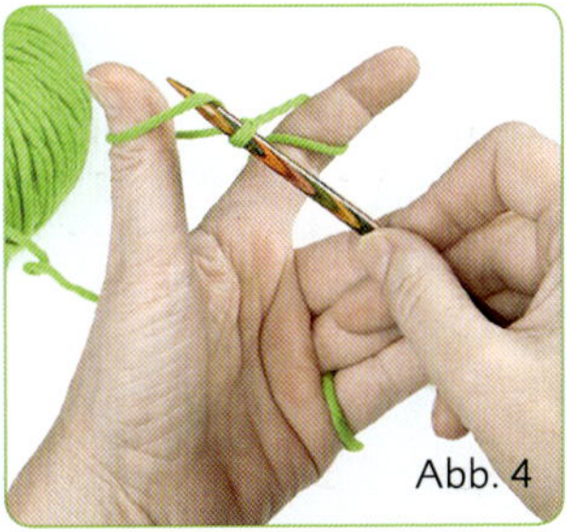

Wiederhole das Anschlagen so lange, bis Du 20 Maschen auf der Nadel hast.

BRAVO! Du hast Deinen ersten Maschenanschlag geschafft!
Mit ein bisschen Übung wird der Vorgang der Maschenbildung zu einem fließenden, harmonischen Bewegungsablauf.

Wenn Du einen Kreuzanschlag genauer betrachtest, siehst Du auf einer Seite eine gleichmäßige Kette (siehe Abb. 5), auf der anderen Seite kleine Knötchen (siehe Abb. 6).

Die Seite mit der Kette wird die **Vorderseite** Deines Strickstücks, die Seite mit den Knötchen die **Rückseite.** Das heißt, die erste Reihe bzw. die nächste Reihe, die Du strickst, wird eine Rückreihe. Der Maschenanschlag selbst wird bei Anleitungen und in Strickschriften üblicherweise nicht gezählt.

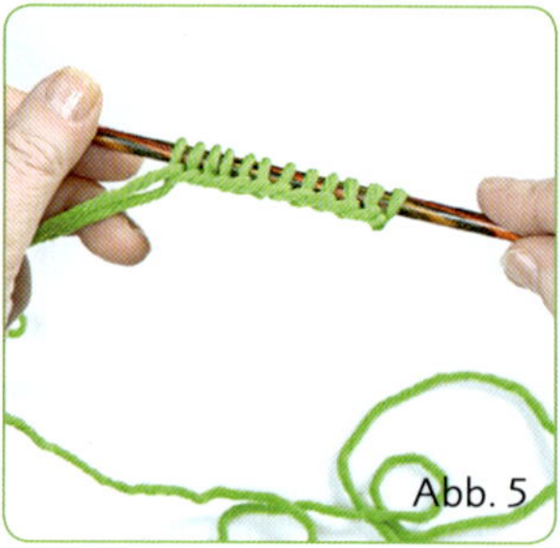
Abb. 5

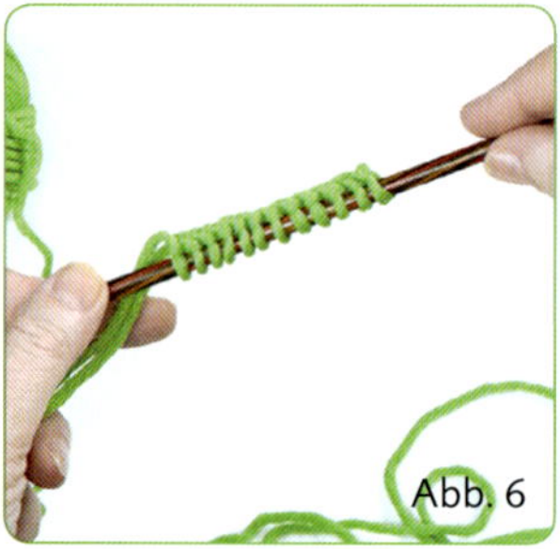
Abb. 6

So arbeitest Du einen Schlingenanschlag

Eine ganz einfache Form des Maschenanschlags ist der Schlingenanschlag. Dieser wird auch verwendet, wenn Du am Ende einer Reihe Maschen hinzufügen musst.

Für den Schlingenanschlag benötigst Du keinen langen Anfangsfaden.

a) Knüpfe an den Anfang des Fadens eine Schlinge.
b) Nimm eine Nadel in Deine rechte Hand.
c) Hebe die Schlinge auf die Nadel und ziehe sie leicht an.

d) Lege den Arbeitsfaden von vorne um Deinen Daumen (siehe Abb. 7).

e) Halte den Faden mit Ringfinger und kleinem Finger fest.

f) Fasse nun mit der Nadel unter den Dir zugewandten Faden am Daumen (siehe Abb. 8).

g) Hebe die Schlinge auf die Nadel (siehe Abb. 9). Wiederhole von a) bis g).

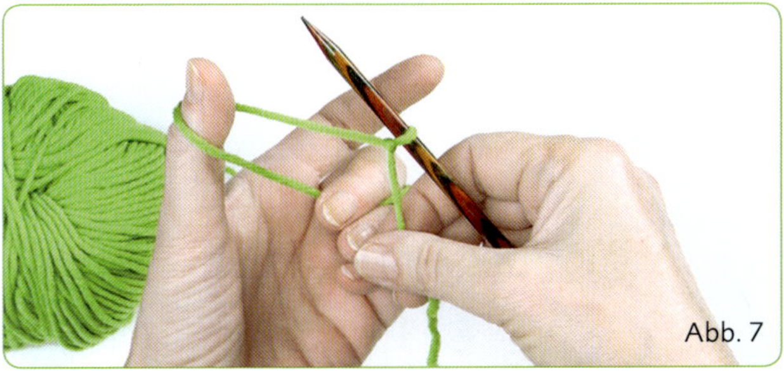

Abb. 7

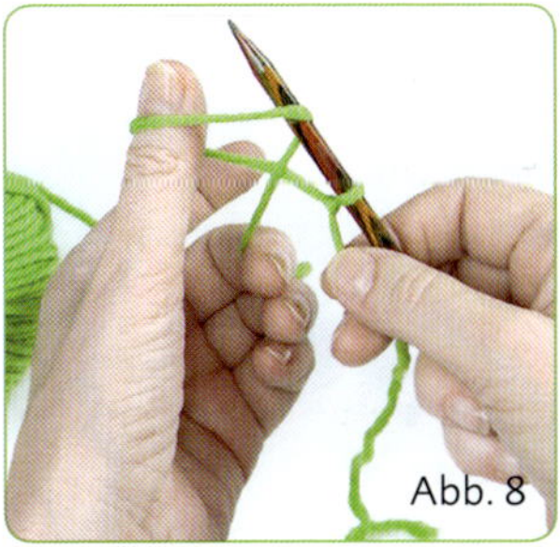

Abb. 8

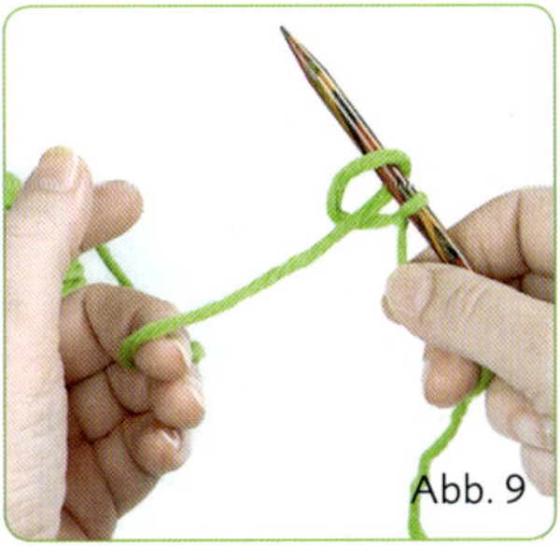

Abb. 9

Beachte: Du hast nur Schlingen auf der Nadel, diese werden erst zu Maschen, wenn Du sie einmal abgestrickt hast.

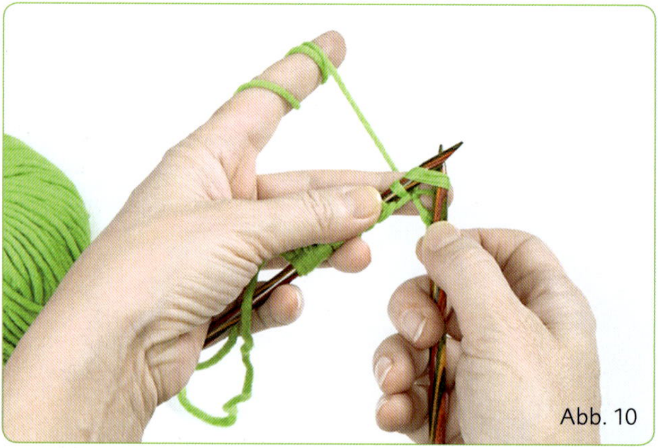
Abb. 10

Das Stricken der ersten Reihe nach einem Schlingenanschlag ist ein wenig knifflig, aber mit etwas Übung leicht zu bewältigen.

Am einfachsten kannst Du in die Schlingen einstechen, indem Du mit der rechten Nadel unten einstichst, wo sich die beiden Fäden der Schlinge kreuzen (siehe Abb. 10).

Rechte Maschen

Nun wird es ernst – die (Faden-)Spannung steigt!

Wir beginnen mit einer der zwei wichtigsten Maschen, einer rechten Masche. Rechte Maschen nennt man auch glatte Maschen und sie sind wohl die meist verwendeten Maschen unter Strickkünstlern. Allein mit rechten Maschen kannst Du schon unzählige originelle Stücke zaubern. Doch zuerst müssen wir die rechte Masche noch bezwingen: Entweder hältst Du nun 1) die Nadel noch in der rechten Hand oder 2) Du nimmst diese erneut mit der rechten Hand auf.

So geht es weiter im Fall 1

a) Der Faden, der unten aus der letzten Masche kommt, wird zum Stricken nicht mehr benötigt und bleibt hängen.

b) Der linke Zeigefinger mit dem Arbeitsfaden ist ca. 3 bis 5 cm von der Nadel entfernt.

c) Wende die Nadel mit der rechten Hand und lege sie in Deine linke Hand.

d) Die zuletzt angeschlagene Masche zeigt nun nach vorne zur Spitze Deines linken Zeigefingers.

e) Die Nadel liegt nun auf Mittelfinger, Ringfinger und kleinem Finger der linken Hand und wird durch den Daumen leicht dagegen gehalten.

f) Der linke Zeigefinger ist etwas angehoben, so dass der Arbeitsfaden gespannt ist.

So geht es weiter im Fall 2

a) Nimm die Nadel wieder in Deine rechte Hand.

b) Der Arbeitsfaden, der von der letzten Masche zum Knäuel führt, ist am linken Ende der Nadel.

c) Lege den Arbeitsfaden so wie zum Maschenanschlag um die Finger der linken Hand – ohne Daumenschlinge.

Weiter wie im Fall 1 Punkt a).

Das ist nun sozusagen Deine Pole-Position!

So strickst Du eine rechte Masche

a) Du stichst von vorne links in die erste Masche ein (siehe Abb. 11).

b) Nun schlingst Du den Faden, der zum Zeigefinger führt (= Arbeitsfaden) von vorne nach hinten um die Nadel (siehe Abb. 12).

c) Der linke Zeigefinger hilft dabei, den Faden mit der Nadel einzufangen.

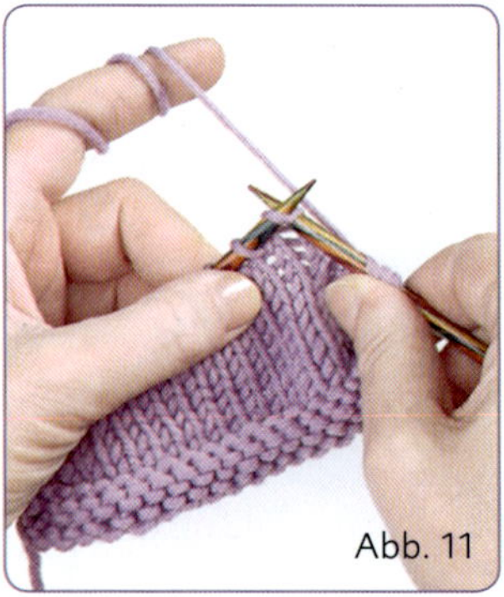

Abb. 11

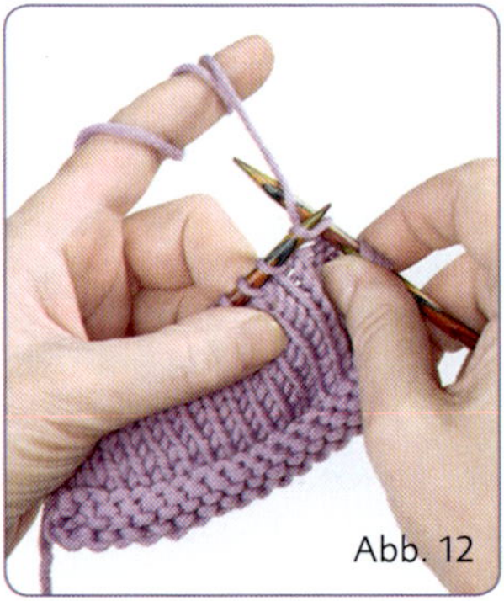

Abb. 12

d) Ziehe den Arbeitsfaden durch die Masche.
e) Lass die Masche auf die rechte Nadel gleiten.
Beginne wieder bei a) für die nächste Masche.

BRAVO! Du hast Deine ersten rechten Maschen gestrickt!

Danach wird wieder die Nadel gewendet und eine neue Reihe rechter Maschen gestrickt. Stricke einige Reihen, um Dir mehr Gefühl für die richtige Spannung des Arbeitsfadens anzueignen und das Spiel der Finger besser zu koordinieren. Wenn Du nun die soeben gestrickten Maschen genauer ansiehst, wirst Du bemerken, dass rechte Maschen auf der Vorderseite ein kleines V bilden. Es zeigt sich ein „glattes" Maschenbild. Wenn Du die andere Seite unter die Lupe nimmst, fällt Dir auf, dass die Maschen dort keine Vs bilden, sondern kleine Knötchen. Das Maschenbild erscheint „kraus" (siehe Abb. 13).

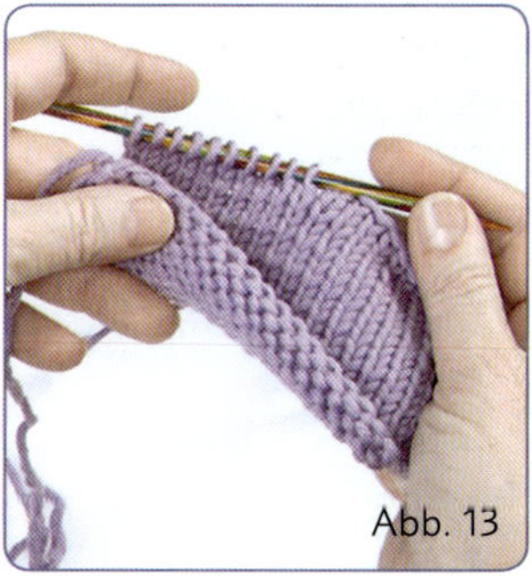
Abb. 13

Beachte: Wenn man eine rechte Masche strickt, dann ist sie von hinten betrachtet eine linke Masche – und umgekehrt.

Rechte Maschen verschränkt

Manche Muster verlangen, dass rechte oder linke Maschen verschränkt abgestrickt werden.

So strickst Du eine Masche rechts verschränkt

a) Stich mit der rechten Nadel von rechts in den hinteren Faden der nächsten Masche ein (siehe Abb. 14).
b) Hole den Arbeitsfaden durch die Masche.
c) Lass die Masche auf die rechte Nadel gleiten.

Verschränkte rechte Maschen wirken leicht „verdreht", haben mehr Spannung und zeigen eine plastischere Struktur.

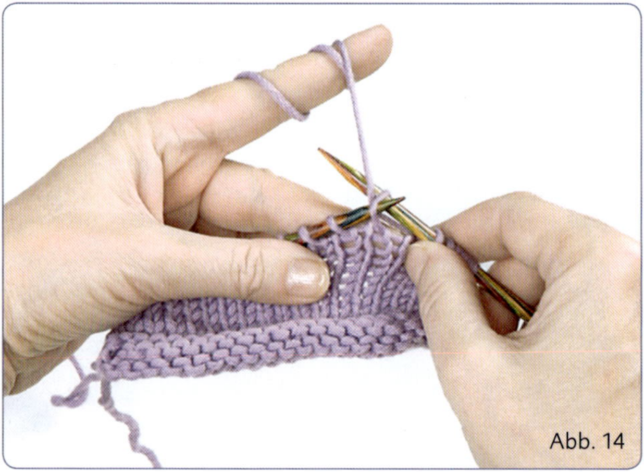
Abb. 14

Linke Maschen

Gegenspielerin der rechten Masche ist die linke Masche, man spricht auch von „verkehrten Maschen“.

So strickst Du eine linke Masche

a) Lege den Arbeitsfaden vor die linke Nadel und vor die nächste Masche.

b) Stich von rechts in die Masche ein, der Arbeitsfaden liegt vor der rechten Nadel (siehe Abb. 15).

c) Schlinge nun den Arbeitsfaden von unten nach vorne einmal um die Nadel (siehe Abb. 16).

d) Ziehe diese Schlinge nach rechts hinten durch die Masche.

e) Lass die Masche auf die rechte Nadel gleiten.

Beginne wieder bei a) für die nächste Masche.

BRAVO! Du hast Deine ersten linken Maschen gestrickt!

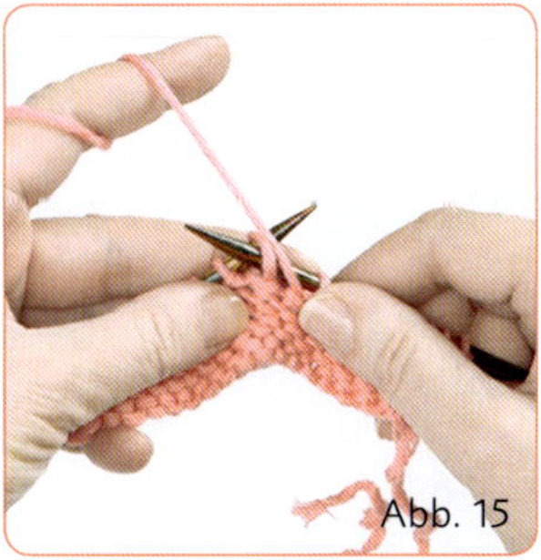

Abb. 15

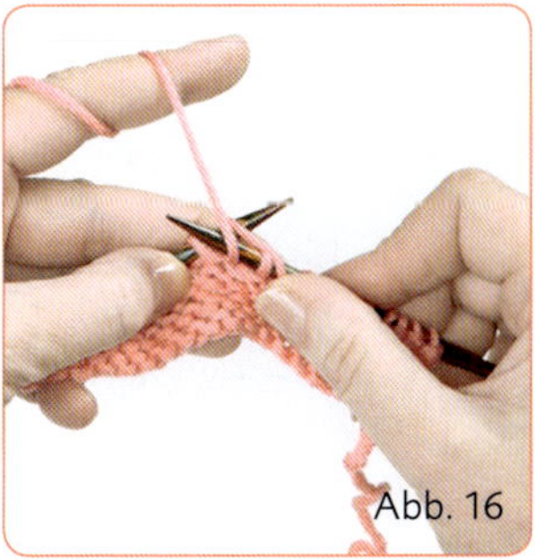

Abb. 16

Stricke nun ein paar Reihen zur Übung. Auf der Vorderseite des Strickstücks (Du erinnerst Dich: Das ist die Seite, auf der der Anschlag eine Kette bildet) rechte Maschen und auf der Rückseite (der Anschlag bildet hier Knötchen) linke Maschen. Das Ergebnis ist ein Strickmuster, das man „Glatt rechts" nennt. Es erscheint auf der Vorderseite glatt, die Maschen bilden kleine Vs, auf der Rückseite ist die Struktur kraus.

Tipp: Viele Menschen stricken linke Maschen lockerer als rechte Maschen. Wenn das bei Dir der Fall ist, dann versuche für die Rückreihen, also die Reihen mit den linken Maschen, eine Nadelstärke 0,5 mm dünner zu nehmen.

Linke Maschen verschränkt

Auch linke Maschen können verschränkt abgestrickt werden, um auf der Vorderseite wie verschränkte rechte Maschen zu erscheinen.

So strickst Du eine Masche links verschränkt

a) Lege den Arbeitsfaden vor die Masche auf der linken Nadel (und vor die Nadel selbst).
b) Stich mit der rechten Nadel von hinten links in den hinteren Faden der Masche ein.
c) Dadurch ziehst Du den hinteren Faden der Masche nach vorne (siehe Abb. 17).
d) Nun wickelst Du den Arbeitsfaden von vorne nach hinten um die rechte Nadel.

e) Hole den Faden durch die Masche.

f) Lass die Masche auf die rechte Nadel gleiten.

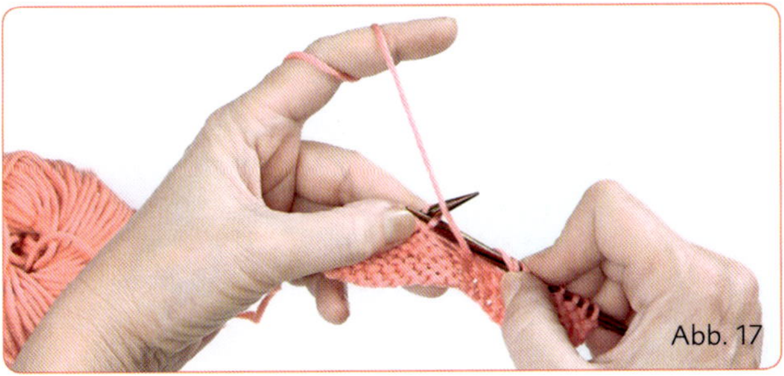

Abb. 17

Randmaschen

Die erste und letzte Masche einer Reihe nennt man Randmasche. Randmaschen schließen Dein Strickstück seitlich sauber ab oder bilden eine stabile Kante für Nähte. Es gibt viele Möglichkeiten, Randmaschen zu stricken. Ich erkläre Dir hier die zwei gebräuchlichsten.

Vielleicht hast Du es gar nicht bemerkt, aber Du hast bereits einen sogenannten Knötchenrand gestrickt. Der Knötchenrand ist die wohl einfachste Variante für Randmaschen.

So strickst Du einen Knötchenrand

Dafür wird jeweils die erste und letzte Masche einer Reihe rechts abgestrickt. Es bildet sich ein regelmäßiger Rand mit kleinen Knötchen, der auch als Kante attraktiv wirkt.

So strickst Du einen Kettrand

Besser geeignet für späteres Zusammennähen ist der sogenannte Kettrand. Auch hier erklärt sich der Name auf den ersten Blick: Den Rand ziert eine gleichmäßige Kette an Maschen.

Die erste Masche jeder Reihe wird rechts abgestrickt, die letzte Masche wird links abgehoben. Dafür legst Du den Faden vor die Masche auf der linken Nadel und hebst die Masche mit der rechten Nadel von rechts einstechend ab und auf die rechte Nadel, ohne die Masche zu stricken.

Tipp: Bei vielen Menschen (so auch bei mir) wird der Kettrand zu locker und sieht dann gar nicht schön und gleichmäßig aus. Das rechts verschränkte Abstricken der ersten und das links verschränkte Abheben der letzten Masche helfen dagegen. Achte zusätzlich darauf, bei den ersten und letzten 2 bis 3 Maschen die Fadenspannung besonders hoch zu halten, also diese Maschen besonders fest zu stricken.

So strickst Du einen Kettrand mit verschränkten Maschen

a) Die erste Masche jeder Reihe wird rechts verschränkt abgestrickt.

b) Die letzte Masche jeder Reihe wird links verschränkt abgehoben.

Abketten

Rechte Maschen werden auch verwendet, um ein Strickstück zu beenden. Weil dabei ein sauberer Kettrand entsteht, nennt man diese Methode „abketten“.

Üblicherweise wird auf der Vorderseite eines Strickteils abgekettet. Du erinnerst Dich bestimmt daran, dass Du die Vorderseite an der Anschlagsreihe an den gleichmäßigen Ketten erkennst.

So kettest Du ein Strickstück ab

a) Stricke eine Masche rechts ab.

b) Stricke eine weitere Masche rechts ab.

c) Hebe die zuerst gestrickte Masche mit der linken Nadel über die danach gestrickte Masche. Es bleibt nur 1 Masche auf der rechten Nadel (siehe Abb. 18).

Beginne wieder bei b) bis auf diese Weise alle Maschen abgestrickt sind (siehe Abb. 19).

BRAVO! Du hast zum ersten Mal abgekettet!

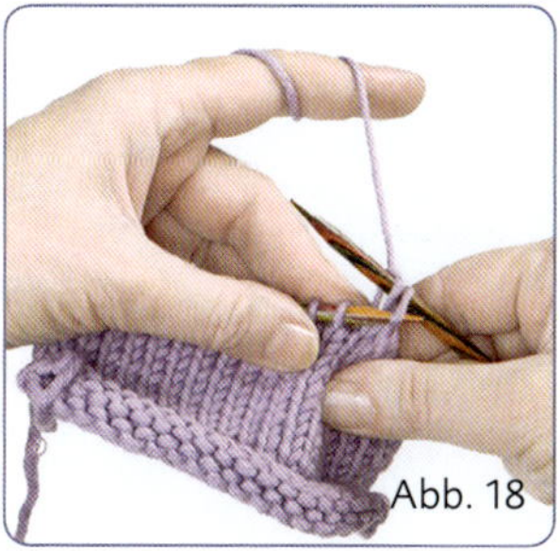

Abb. 18

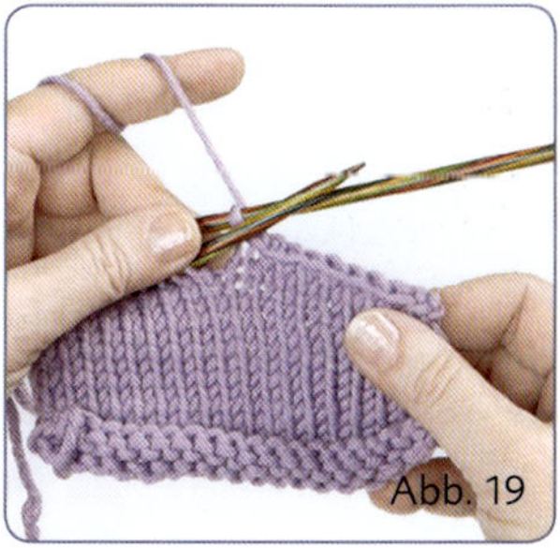

Abb. 19

Tipp: Wenn Du die letzte Reihe vor dem Abketten und die Abkettreihe selbst mit einer Nadelstärke 1 mm dicker strickst, dann fällt der Abschluss elastischer aus.

Fäden vernähen

Du benötigst eine Wollnähnadel mit spitzem und eine mit stumpfem Ende.

Am Anfang und am Ende Deines Strickstücks, wenn ein Knäuel zu Ende geht oder wenn Du Farben wechselst, lässt Du längere Fäden stehen bzw. hängen.

Tipp: Lass Anfangs- und Endfäden ca. 30 cm lang.

So vernähst Du vorhandene Fäden sauber

a) Fädle den Faden in die spitze Wollnähnadel.

b) Stich an der Innenseite Deines Strickstücks in 4 bis 5 Maschen ein – und zwar immer durch die Fäden durch.

c) Wiederhole den Vorgang in die Gegenrichtung. Versuche dabei, wieder mitten durch die gleichen Maschen zu stechen.

d) Wiederhole schließlich das Ganze noch einmal in die Gegenrichtung. Der Faden ist nun so mit sich selbst verhakt und vernäht, dass er sicher hält.

e) Faden knapp abschneiden.

So befestigst Du einen neuen Faden

Ist kein Faden an der Stelle vorhanden, an der Du zum Beispiel eine Naht arbeiten möchtest, so nimmst Du ein

Stück des verwendeten Garns und fädelst dieses in eine spitze Wollnähnadel.

Verknoten ist verboten!

Knoten lösen sich – spätestens beim Waschen! Daher wird auch das Ende eines neuen Fadens nicht verknotet, sondern genauso befestigt wie vorher beschrieben:

a) Mach ein paar Stiche an der Innenseite des Strickstücks in die eine Richtung (ein kurzes Fadenstück bleibt übrig).

b) Dann noch ein paar Stiche in die andere Richtung (immer durch Maschen durchstechen), und noch einmal in die Gegenrichtung.

c) Nun kannst Du mit der Naht und einer stumpfen Nadel fortsetzen, der Faden ist gut fixiert.

BRAVO! Du hast zum ersten Mal einen Faden sauber vernäht!

Strickteile ausarbeiten

Um Strickteile in Form zu bringen, befeuchtest Du sie (z. B. mit einer Sprühflasche) oder machst sie nass, indem Du sie mit der Hand in lauwarmem Wasser einweichst und sanft ausdrückst.

In beiden Fällen legst Du die Strickteile auf eine saugfähige Unterlage, ziehst sie in Form und lässt sie trocknen.

Hast Du nach einem Schnitt gearbeitet, dann kannst Du die Teile dem Schnitt entsprechend mit Stecknadeln feststecken und trocknen lassen.

Tipp: Das früher übliche „Dämpfen" von Strickteilen kann ich nicht empfehlen, zu groß ist die Gefahr, die Fasern dabei empfindlich zu verletzen und dem Strickstück die Elastizität zu rauben.

So nähst Du Strickteile der Breite nach zusammen

Während ich das Vernähen von vorhandenen und das Befestigen von neuen Fäden mit einer spitzen Wollnadel vornehme, wechsle ich beim Zusammennähen von Strickteilen dann auf eine stumpfe Wollnadel. Die abgerundete Nadel gleitet besser in die Maschen.

Lege die Strickteile mit der „schönen" Seite (in Anleitungen nennt man diese meist die „rechte" Seite) nach oben nebeneinander auf eine glatte Unterlage. Platziere die Strickteile so, dass die geplante Naht vertikal liegt. Ob Du die Naht von oben nach unten oder umgekehrt nähst, bleibt Dir überlassen.

a) Stich mit einer Wollnadel von vorne nach hinten in eine Masche des rechten Teils ein.

b) Stich mit der Nadel von hinten nach vorne in eine daneben liegende Masche des linken Teils ein (siehe Abb. 20).

c) Stich in die nächste darüber liegende Masche des rechten Teils wieder von vorne nach hinten ein.

d) Stich dann wieder von hinten nach vorne in die nächste Masche des linken Teils.

Wiederhole die Schritte c) und d) bis die Teile vollständig zusammengenäht sind.

Variante

Platziere die Strickteile so, dass die geplante Naht quer vor Dir liegt. Genäht wird von rechts nach links.

a) Stich mit einer Wollnadel im oberen Strickteil unter den Querfaden einer Masche und wieder nach vorne.

b) Stich im unteren Strickteil genauso unter den Querfaden einer daneben liegenden Masche und wieder nach vorne (siehe Abb. 21).

Wiederhole die Schritte a) und b) bis die Teile vollständig zusammengenäht sind.

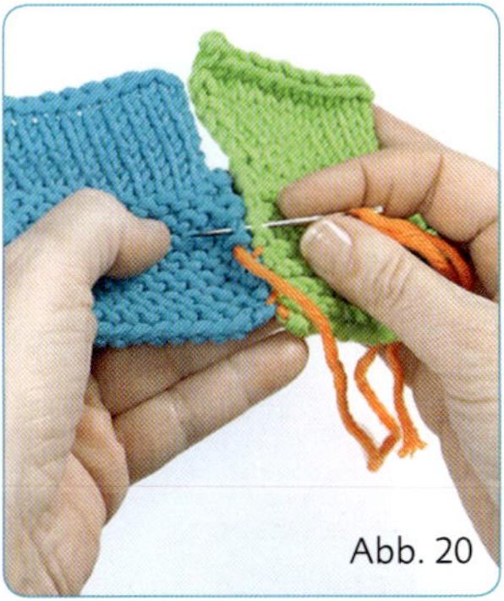
Abb. 20

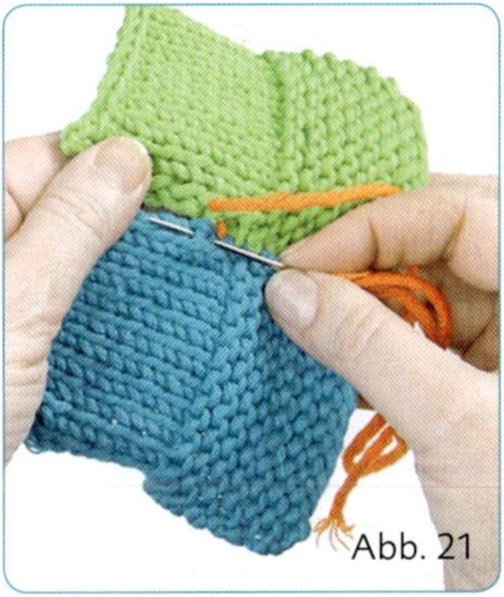
Abb. 21

So nähst Du Strickteile der Länge nach zusammen

Lege die Strickteile mit der rechten Seite nach oben so auf, dass die entsprechenden Kanten aneinander stoßen. Die Strickteile liegen also untereinander, die geplante Naht liegt quer vor Dir. Genäht wird von rechts nach links.

a) Stich im unteren Strickteil von hinten nach vorne in die Spitze eines Vs, das eine Masche bildet.
b) Stich im oberen Strickteil von vorne und von rechts nach links unter die beiden Schenkel eines Vs, das eine Masche bildet.
c) Stich wieder in die Spitze des gleichen Vs wie vorher ein und von hinten nach vorne in die Spitze des nächsten Vs links davon.
d) Im oberen Strickteil stichst Du nun unter die beiden Schenkel des nächsten Vs links von der vorigen Masche.

Wiederhole die Schritte c) und d) bis die Teile vollständig zusammengenäht sind.

BRAVO! Du hast die ersten Nähte gearbeitet!

Maschenprobe

Gute Vorbereitung ist der halbe Erfolg! Gerade für Anfänger ist es wichtig, eine Strickarbeit sorgfältig zu planen, um Enttäuschungen zu vermeiden. Zu diesen Maßnahmen gehört eine Maschenprobe. Das hören die Strickprofis unter uns gar nicht gerne, aber selbst ich muss gestehen, dass einiges schief läuft, wenn ich glaube, auf eine Maschenprobe salopp verzichten zu können.

Mit einer Maschenprobe stellst Du fest, wie viele Maschen in der Breite und wie viele Reihen in der Höhe Du für 10 cm benötigst. Es gibt dazu zwar eine Empfehlung auf der Banderole, aber diese nimmt keine Rücksicht auf individuelle Unterschiede in der Stricktechnik. Manche Menschen stricken sehr viel fester als angegeben, andere wiederum sehr viel lockerer, und nicht zuletzt ist es auch eine Frage des Musters, wie elastisch ein Strickstück wird.

Es ist daher wichtig, dass Du Deine Maschenprobe nicht einfach Glatt rechts strickst, sondern in dem Muster, das Du auch verwenden möchtest. Glatt rechts verhält sich bezüglich Breite und Höhe bzw. Elastizität völlig anders als zum Beispiel ein Patentmuster oder ein Zopfmuster.

So strickst Du eine Maschenprobe

a) Schlage etwas mehr Maschen an, als auf der Banderole angegeben sind. Wenn Du bereits weißt, dass Du fester strickst, nimm etwas dickere Nadeln, wenn Du eher locker strickst, nimm etwas dünnere Nadeln.
b) Stricke mit dem geplanten Muster in der Höhe ca. 12 cm.
c) Kette Dein Strickstück ab.

Tipp: Wenn Du die letzte Schlinge nur locker verknotest, kannst Du die Maschenprobe wieder auftrennen und das Garn wieder verwenden. Du kannst Maschenproben aber auch sammeln und zum Beispiel zu Kissenhüllen zusammenfügen.

So misst Du eine Maschenprobe

a) Lege Dein Musterstück locker auf eine feste Unterlage ohne es zu dehnen.
b) Lege ein weiches Maßband darauf.
c) Markiere mit Stecknadeln ein Quadrat von 10 cm in der Breite und 10 cm in der Höhe.

d) Zähle nun, wie viele Maschen in der Breite und in der Höhe 10 cm ergeben.
e) Notiere die Zahlen.

So berechnest Du Maschenzahlen für ein Strickstück

Angenommen Deine Maschenprobe hat 22 Maschen für 10 cm in der Breite und 26 Reihen für 10 cm in der Höhe ergeben. Wenn Du nun zum Beispiel einen Pullover stricken möchtest, den Du von der Hüfte weg strickst, beginnst Du mit dem Hüftumfang. Vorderteil und Rückenteil benötigen jeweils eine Maschenzahl für die Hälfte des Hüftumfangs. Für Größe 40 ist dieser laut Größentabellen etwa 98 cm.
Vorderteil und Rückenteil werden also jeweils 49 cm breit gestrickt.

Nun unsere Rechnung:

10 cm =	22	Maschen
1 cm =	2,2	Maschen
49 cm =	49 x 2,2	Maschen
Ergebnis	**107,8**	**Maschen**

Natürlich wird das Ergebnis auf ganze Zahlen gerundet. Du würdest also für Vorderteil und Rückenteil jeweils 108 Maschen (aufgerundet) anschlagen.

Gleichzeitig musst Du beachten, dass verschiedene Muster bestimmte Maschenzahlen verlangen. Dafür musst Du dann entsprechend abrunden oder aufrunden.

Verlangt ein Muster zum Beispiel eine Maschenzahl teilbar durch 12, so würdest Du bei unserer Rechnung 108 + 2 Randmaschen, also 110 Maschen anschlagen.

Nach dem gleichen Muster berechnest Du z. B. die Höhe bis zum Armausschnitt bzw. bis zur Schulter.

Auch die Rechnung für Abnahmen oder Zunahmen ist nicht schwierig. Diese wird zum Beispiel benötigt, um die Zunahmen beim Ärmel vom Bündchen bis zur Schulter zu berechnen.

Hier wieder ein Beispiel bei gleicher Maschenprobe:
Das Ärmelbündchen soll einen Umfang von 25 cm haben, der Ärmel an der Schulter 50 cm.
Die Ärmellänge soll 60 cm betragen.

25 cm x 2,2 Maschen = 55 Maschen
50 cm x 2,2 Maschen = 110 Maschen
60 cm x 2,6 Reihen = 156 Reihen

Wir müssen also über die Höhe von 156 Reihen 55 Maschen zunehmen, wenn wir vom Bündchen weg stricken (oder abnehmen, wenn wir von der Schulter weg stricken).

Nachdem in diesem Fall immer an beiden Seiten zugenommen wird, also immer 2 Maschen pro Reihe, rechnen wir mit der Hälfte der Maschen, die zugenommen werden sollen:

156 Reihen : 27 = 5,8 (gerundet)

In diesem Fall würden wir abwechselnd in jeder fünften und in jeder sechsten Reihe an beiden Seiten jeweils 1 Masche zunehmen.

Zum Schluss hätten wir dann 15 x in einer fünften Reihe und 13 x in einer sechsten Reihe, also insgesamt 56 Maschen zugenommen.

Seitliches Zunehmen an Strickteilen

Das ist zwar erst später Thema, aber da es hier passt, eine kurze Erklärung dazu.

Damit Zunahmen einzelner Maschen an den Seiten von Strickteilen perfekt gelingen, verdoppelst Du entweder die zweite Masche oder die vorletzte Masche einer Reihe.

Dafür strickst Du eine Masche doppelt ab und zwar beginnend mit einer rechten oder linken Masche – je nach Muster.

Rechte Masche verdoppeln

a) In den vorderen Maschenfaden einstechen, rechts stricken. Die Masche bleibt noch auf der Nadel.

b) In den hinteren Maschenfaden einstechen, rechts stricken.

c) Beide Maschen auf die rechte Nadel gleiten lassen (siehe Abb. 22).

Linke Masche verdoppeln

a) In den vorderen Maschenfaden von rechts einstechen, der Faden liegt vor der Masche und vor der Nadel, links abstricken.
Die Masche bleibt noch auf der Nadel.

b) Von hinten in den hinteren Maschenfaden einstechen, links stricken.

c) Beide Maschen auf die rechte Nadel gleiten lassen (siehe Abb. 23).

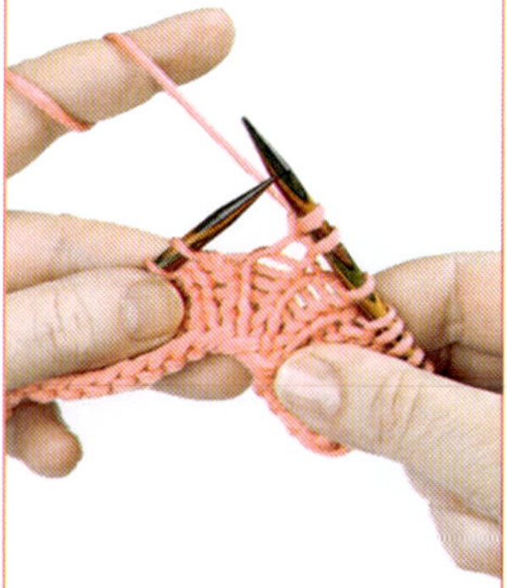

Abb. 22

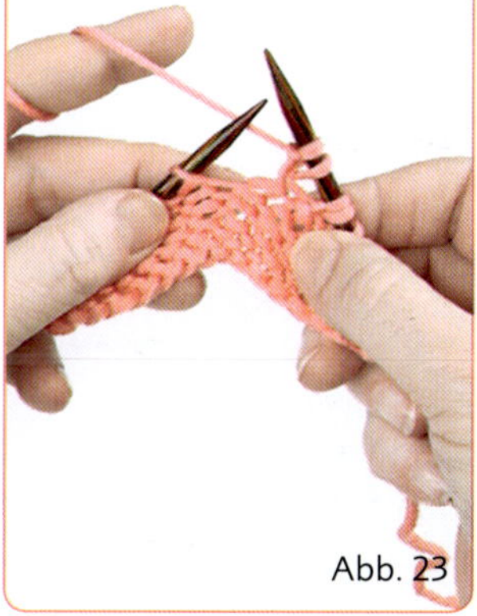

Abb. 23

Wissenswertes zu Strickmustern

Wenn Du in Reihen strickst, ist die Anschlagreihe eigentlich eine sogenannte Hinreihe und bildet die Vorderseite.

Die Anschlagreihe wird in Strickschriften und Anleitungen üblicherweise nicht gezählt.

Die eigentliche erste Reihe eines Musters ist somit eine Rückreihe. Viele Muster beginnen aber mit einer Hinreihe als Reihe 1. Strickschriften zeigen üblicherweise an, ob die erste Musterreihe von rechts oder von links gestrickt wird, also ob es sich um eine Rückreihe oder eine Hinreihe handelt.

Musterrapport

Jene Maschenfolge, die ein Muster bildet und immer wiederholt wird, nennt man einen Musterrapport. Bei Anleitungen für Strickmuster ist dieser Rapport oft in * Sternchen * eingeschlossen.

Hier ein Beispiel:

Reihe 1

Randmasche; * 2 Maschen rechts, 2 Maschen links *,
Randmasche. Von * bis * laufend wiederholen.

Das bedeutet: Der Musterrapport besteht aus 4 Maschen (die Angaben zwischen den Sternchen). Die Maschenfolge zwischen den Sternchen wird laufend wiederholt.

Maschenzahl teilbar durch …

Aus einem Musterrapport ergibt sich auch die benötigte Maschenzahl für ein Strickmuster. Im Fall unseres Beispiels benötigen wir eine Maschenzahl teilbar durch 4

+ 2 Randmaschen. Viele Muster haben am Anfang und am Ende einer Reihe zusätzlich noch einen Randbereich.

Beispiel:

Das oben angeführte 2/2 Rippenmuster soll an beiden Rändern noch einen kleinen Perlrand aus je 4 Maschen erhalten.

Dann würde die Anleitung so aussehen:

Maschenzahl teilbar durch 4 + 8 + 2 Randmaschen

Reihe 1

Randmasche; 1 Masche rechts, 1 Masche links, 1 Masche rechts, 1 Masche links, * 2 Maschen rechts, 2 Maschen links *.

Von * bis * laufend wiederholen.

Die Reihe endet mit 1 Masche rechts, 1 Masche links, 1 Masche rechts, 1 Masche links, 1 Randmasche.

Reihe 2

Randmasche; 1 Masche links, 1 Masche rechts, 1 Masche links, 1 Masche rechts, * 2 Maschen rechts, 2 Maschen links *.

Von * bis * laufend wiederholen.

Die Reihe endet mit 1 Masche links, 1 Masche rechts, 1 Masche links, 1 Masche rechts, 1 Randmasche.

So liest Du eine Strickschrift

Im Idealfall folgt eine Strickschrift internationalen Symbolen und zeigt Hin- und Rückreihen genauso, wie sie gestrickt werden. Leider finde ich immer wieder Strickschriften, wo Rückreihen so gezeichnet sind, wie sie auf der Vorderseite erscheinen (also genau umgekehrt dazu wie sie gestrickt werden). Das ist zwar durchaus sinnvoll, sofern in Runden gestrickt wird; wenn die Strickarbeit aber nach jeder Reihe gewendet werden muss, ist es für Menschen mit fehlendem Orientierungssinn (zu denen auch ich zähle) eine Qual, solche Tabellen zu entziffern.

Unser Beispiel für ein 2/2 Rippenmuster mit kleinem Perlrand würde als Strickschrift so aussehen (eine Zeichenerklärung findest Du in der Klappe am Ende des Buches). Die Position der Reihenzahl informiert darüber, ob eine Reihe von rechts (eine Hinreihe) oder von links (eine Rückreihe) gelesen wird. Der pinkfarbene Rahmen markiert den Musterrapport.

2/2 Rippenmuster mit Perlrand

Maschenzahl teilbar durch 4 + 8 + 2 Randmaschen.
Musterrapport 4 Maschen breit, 2 Reihen hoch.

<table>
<tr><td>2</td><td>+</td><td>−</td><td>|</td><td>−</td><td>|</td><td>|</td><td>|</td><td>−</td><td>−</td><td>−</td><td>|</td><td>−</td><td>|</td><td>+</td><td></td></tr>
<tr><td></td><td>+</td><td>−</td><td>|</td><td>−</td><td>|</td><td>−</td><td>−</td><td>|</td><td>|</td><td>−</td><td>|</td><td>−</td><td>|</td><td>+</td><td>1</td></tr>
</table>

Rechts-Links-Muster

Kraus rechts

Maschenzahl beliebig.

Reihe 1 Alle Maschen rechts stricken.

Die Reihe fortlaufend wiederholen.

Glatt rechts

Maschenzahl beliebig.

Reihe 1 (Rückseite): Alle Maschen links stricken.

Reihe 2 (Vorderseite): Alle Maschen rechts stricken.

Die Reihen 1 + 2 fortlaufend wiederholen.

Kraus links

Maschenzahl beliebig.

Reihe 1 (Rückseite): Alle Maschen rechts stricken.

Reihe 2 (Vorderseite): Alle Maschen links stricken.

Die Reihen 1 + 2 fortlaufend wiederholen.

Rippenmuster

Für Bündchen an Oberteilen, Ärmeln, Mützen, Socken etc. werden gerne Rippenmuster eingesetzt. Man spricht dann von einem **Bündchenmuster.** Diese werden verwendet, um einen besonders elastisch anliegenden Abschluss zu stricken.

So strickst Du ein 1/1-Bündchenmuster

Maschenzahl teilbar durch 2.

Reihe 1 * 1 Masche rechts, 1 Masche links *.

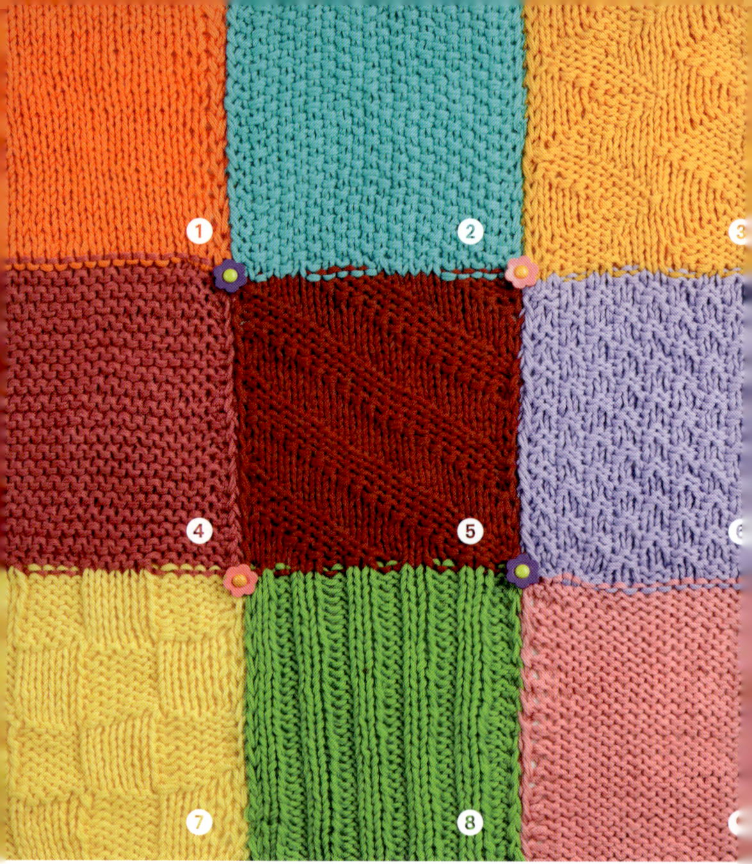

1) Glatt rechts
2) Perlmuster
3) Zickzack-Muster
4) Kraus rechts
5) Schrägrippen
6) Großes Perlmuster
7) Karomuster
8) Rippenmuster
9) Kraus links

Von * bis * laufend wiederholen.

Reihe 1 fortlaufend wiederholen.

So strickst Du ein 2/2-Bündchenmuster

Maschenzahl teilbar durch 4.

Reihe 1 * 2 Maschen rechts, 2 Maschen links *.

Von * bis * laufend wiederholen.

Reihe 1 fortlaufend wiederholen.

Nach diesen Regeln kannst Du natürlich verschieden breite Rippen stricken, zum Beispiel ein 3/3-Bündchen oder ein 2/4-Bündchen oder ein 5/5-Bündchen.

Wenn Du die Rippenstruktur noch betonen möchtest, kannst Du die angegebenen Bündchenmuster auch mit rechts verschränkten Maschen (statt mit rechten Maschen) stricken. Eine weitere Variante entsteht, wenn Du sowohl die rechten als auch die linken Maschen verschränkt abstrickst.

Tipp: Rippenmuster mit verschränkten Maschen sind etwas weniger elastisch, die Rippenstruktur zeigt sich aber deutlicher.

Querstreifenmuster

Du kannst mit rechten und linken Maschen aber nicht nur Längsrippen erzeugen, sondern auch querliegende Rippen.

So strickst Du ein Akkordeonmuster

Maschenzahl beliebig.

4 (oder 6 oder 8) Reihen Glatt rechts stricken (Hinreihen rechte Maschen, Rückreihen linke Maschen).
4 (oder 6 oder 8) Reihen Kraus links stricken (Hinreihen linke Maschen, Rückreihen rechte Maschen).
Diese 8 Reihen fortlaufend wiederholen.

Je mehr Reihen Du strickst, desto breiter werden die Streifen.

Tipp: Besonders reizvoll wirkt ein Akkordeonmuster, wenn Du hauchzarte Garne mit dickeren kombinierst. Stricke zum Beispiel die 4 Reihen Glatt rechts mit einem feinen Mohairgarn und die nächsten 4 Reihen mit einem Merinogarn. Die Nadelstärke richtet sich nach dem dickeren Garn, z. B. 4 oder 5 mm. Wenn Du auch das Mohairgarn mit den gleichen Nadeln strickst, wird die Struktur locker und durchscheinend.

Perlmuster

Ein Perlmuster ergibt sich, wenn Du ein Rippenmuster versetzt. Ein Perlmuster ist nicht elastisch und kann daher auch für ebensolche Abschlüsse von Strickteilen eingesetzt werden. Perlmuster werden auch gerne für Kanten von Jacken oder am Rand von Strickteilen verwendet, damit sich diese nicht einrollen.

So strickst Du ein „Kleines Perlmuster"

Maschenzahl ungerade.
Reihe 1 * 1 Masche rechts, 1 Masche links *.
Von * bis * laufend wiederholen.
Die Reihe endet mit 1 Masche rechts.

Reihe 1 fortlaufend wiederholen, es werden die Maschen also genau umgekehrt gestrickt, als sie erscheinen, d.h. eine Masche, die rechts erscheint, wird links abgestrickt, eine Masche, die links erscheint, wird rechts abgestrickt.

So strickst Du ein „Großes Perlmuster"

Maschenzahl teilbar durch 4.

Reihe 1 * 2 Maschen rechts, 2 Maschen links *.
Von * bis * fortlaufend wiederholen.

Reihe 2 Die Maschen stricken wie sie erscheinen.

Reihe 3 * 2 Maschen links, 2 Maschen rechts *.
Von * bis * fortlaufend wiederholen.

Reihe 4 Die Maschen stricken wie sie erscheinen.

Reihen 1 bis 4 fortlaufend wiederholen.

Karomuster

Rechte und linke Maschen können auch zu Strukturmustern kombiniert werden, zum Beispiel zu Karomustern, schrägen Streifenstrukturen und vielem mehr.

So strickst Du ein Karomuster

Die Maschenzahl wird durch die Breite der Karos bestimmt.

Beispiel: Sollen die Kästchen 5 Maschen breit sein, so benötigst Du eine Maschenzahl teilbar durch 10. Sollen die Karos etwa quadratisch werden, so misst Du am besten mit Hilfe einer Maschenprobe, wie viele Reihen Du benötigst, um die gleiche Höhe wie Breite zu erzielen.

Reihe 1 * 5 Maschen rechts, 5 Maschen links *.
Von * bis * fortlaufend wiederholen.
Reihen 2 + 3 + 4 + 5 + 6 Die Maschen stricken wie sie erscheinen.
Reihe 7 * 5 Maschen links, 5 Maschen rechts *.
Von * bis * fortlaufend wiederholen.
Reihen 8 + 9 + 10 + 11 + 12 Die Maschen stricken wie sie erscheinen.
Die Reihen 1 bis 12 laufend wiederholen.

Noch mehr Strukturmuster

Zu den vielen Strukturen, die Du mit rechten und linken Maschen erzeugen kannst, zählen Schrägstreifen und Zickzackmuster.

Schrägrippenmuster

Maschenzahl teilbar durch 10 + 2 Randmaschen.
Musterrapport 10 Maschen breit, 20 Reihen hoch.
Abgebildet sind nur die Hinreihen.
In allen Rückreihen werden die Maschen gestrickt wie sie erscheinen.

+	|	−	−	−	−	−	|	|	|	|	+	19
+	|	|	−	−	−	−	−	|	|	|	+	17
+	|	|	|	−	−	−	−	−	|	|	+	15
+	|	|	|	|	−	−	−	−	−	|	+	13
+	|	|	|	|	|	−	−	−	−	−	+	11
+	−	|	|	|	|	|	−	−	−	−	+	9
+	−	−	|	|	|	|	|	−	−	−	+	7
+	−	−	−	|	|	|	|	|	−	−	+	5
+	−	−	−	−	|	|	|	|	|	−	+	3
+	−	−	−	−	−	|	|	|	|	|	+	1

Zickzackmuster

Maschenzahl teilbar durch 8 + 2 Randmaschen.
Musterrapport 8 Maschen breit, 16 Reihen hoch.
Abgebildet sind nur die Hinreihen.
In allen Rückreihen werden die Maschen gestrickt wie sie erscheinen.

<table>
<tr><td>+</td><td>−</td><td>−</td><td>−</td><td>|</td><td>|</td><td>|</td><td>|</td><td>−</td><td>+</td><td>15</td></tr>
<tr><td>+</td><td>−</td><td>−</td><td>|</td><td>|</td><td>|</td><td>|</td><td>−</td><td>−</td><td>+</td><td>13</td></tr>
<tr><td>+</td><td>−</td><td>|</td><td>|</td><td>|</td><td>|</td><td>−</td><td>−</td><td>−</td><td>+</td><td>11</td></tr>
<tr><td>+</td><td>|</td><td>|</td><td>|</td><td>|</td><td>−</td><td>−</td><td>−</td><td>−</td><td>+</td><td>9</td></tr>
<tr><td>+</td><td>−</td><td>|</td><td>|</td><td>|</td><td>|</td><td>−</td><td>−</td><td>−</td><td>+</td><td>7</td></tr>
<tr><td>+</td><td>−</td><td>−</td><td>|</td><td>|</td><td>|</td><td>|</td><td>−</td><td>−</td><td>+</td><td>5</td></tr>
<tr><td>+</td><td>−</td><td>−</td><td>−</td><td>|</td><td>|</td><td>|</td><td>|</td><td>−</td><td>+</td><td>3</td></tr>
<tr><td>+</td><td>−</td><td>−</td><td>−</td><td>−</td><td>|</td><td>|</td><td>|</td><td>|</td><td>+</td><td>1</td></tr>
</table>

Du kannst beide Muster natürlich auch in unterschiedlichen Maschenbreiten arbeiten.

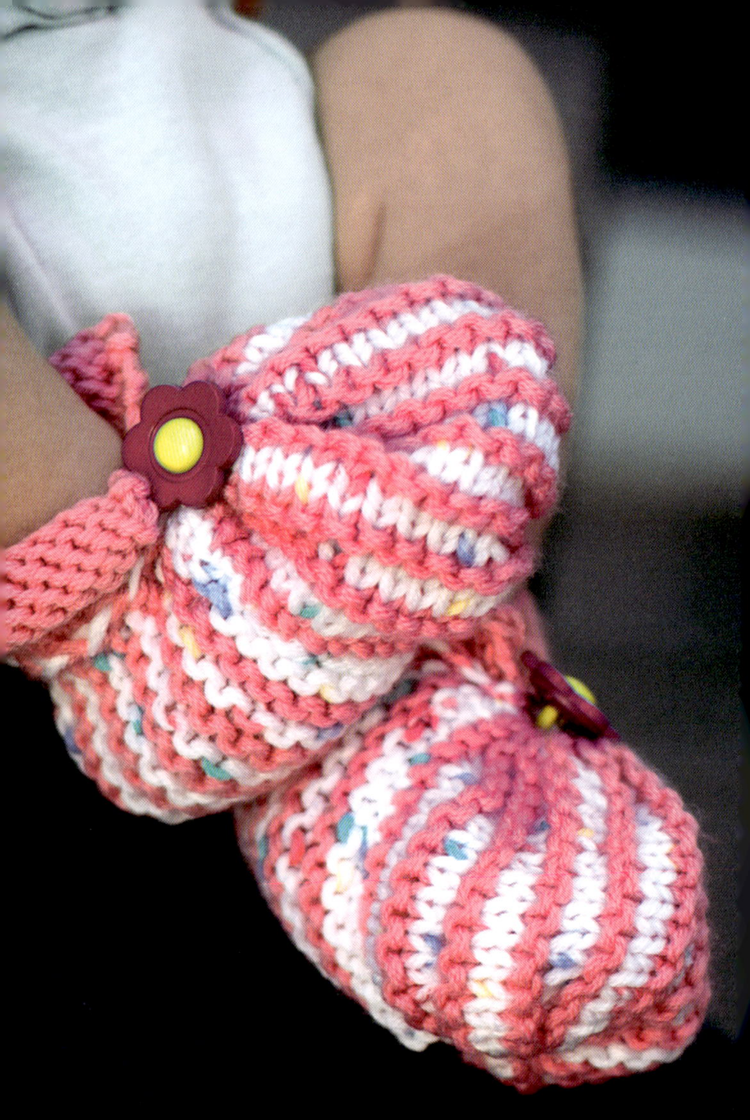

Super Easy Babyschühchen

Die wohl einfachste Art entzückende Babyschuhe zu stricken kommt mit rechten und linken Maschen aus.

Größe(n): Fußlänge 12 cm, weitere Angaben in der Anleitung

Material: 1 Knäuel Omega Color für Farbe A (Lauflänge ca. 130 m/50 g) von LANG Yarns und **1 Knäuel** Omega für Farbe B (Lauflänge ca. 130 m/50 g) von LANG Yarns

Nadelstärke: 4,5 mm

Grundmuster: Glatt rechts in Farbe A: Hinreihen rechte Maschen, Rückreihen linke Maschen

Kraus rechts: rechte Maschen in Hin- und Rückreihen

Krauses Rippenmuster: abwechselnd 2 Reihen Glatt rechts in Farbe A, 2 Reihen Kraus rechts in Farbe B

Ein Kettrand (siehe auch S. 40) sorgt für einen sauberen Rand, der sich gut zum Vernähen eignet (in jeder Reihe die erste Masche rechts stricken, die letzte Masche links abheben).

Meine Maschenprobe in Kraus rechts:
20 Maschen x 44 Reihen = 10 cm x 10 cm

Beachte: Du merkst hier deutlich, dass die Maschenprobe ganz entscheidend vom verwendeten Muster abhängt. Während meine Maschenprobe in Glatt rechts nur 30 Reihen für 10 cm Höhe benötigt, sind es bei einem Kraus rechts Muster 44 Reihen und beim krausen Rippenmuster 40 Reihen.

Anleitung

Schlage **16 Maschen** in Farbe A an und stricke die Rückreihe rechte Maschen ebenfalls in Farbe A. Weiter geht es mit dem Grundmuster „Kraus rechts", dabei strickst Du je 2 Reihen (also jeweils eine Hin- und eine Rückreihe) in wechselnden Farben.

Also immer **2 Reihen** in Farbe B und **2 Reihen** in Farbe A abwechselnd. Es entstehen dabei auf der Vorderseite klar abgegrenzte Streifen, auf der Rückseite gehen die Streifen ineinander über.

Der Farbwechsel ist keine Hexerei. Du lässt am Anfang der Reihe einfach den Faden der soeben gestrickten Farbe hängen, schlingst den Faden der neuen Farbe um die linke Hand und strickst einfach mit der neuen Farbe weiter. Sobald Du 2 Reihen gestrickt hast, wechselst Du wieder und schlingst nun den schon vorhandenen Faden der vorigen Farbe um die linke Hand.

Beachte dabei, dass der nicht verwendete Faden nachgibt und die Anfangsmaschen dazu neigen, sehr locker zu werden. Du kannst dem entgegenwirken, indem Du a) die Anfangsmaschen und die Endmaschen auf der Seite des Farbwechsels besonders „knapp" strickst und b) indem Du diesen (nicht verwendeten) Faden immer etwas anziehst, sobald Du die Anfangsmaschen und nachdem Du die Endmaschen gestrickt hast.

Stricke **10 cm** nach diesen Angaben – in meinem Fall sind das 22 Streifen.

Achte darauf, dass der letzte Streifen in Farbe B gestrickt wird – allenfalls strickst Du 2 Reihen mehr.

Nun strickst Du weiter im Grundmuster „Krauses Rippenmuster" bis zu einer Gesamthöhe, die der doppelten Fußlänge entspricht. Also z. B. **24 cm** insgesamt für eine Fußlänge von 12 cm.

Danach alle Maschen abketten und sowohl den Endfaden als auch den Anfangsfaden mit ca. 30 cm Länge abschneiden.

Nun werden auf der Rückseite des Strickstücks (dort, wo die Streifen ineinander verlaufen) aus dem seitlichen Rand des Kraus-Rechts-Musters (das ist jener Teil ohne Rippen) **22 Maschen** heraus gestrickt.

Dafür nimmst Du einen neuen Faden in Farbe B, schlingst ihn um die linke Hand, stichst in eine Kettmasche vom Rand ein und holst den Arbeitsfaden als Schlinge durch diese Kettmasche – Du hast eine Masche auf der Nadel. Und so setzt Du fort – in die nächste Kettmasche einstechen und den Arbeitsfaden durchziehen. So lange wiederholen, bis Du 22 Maschen auf der Nadel hast.

Stricke nun darüber eine Reihe rechter Maschen und stricke weitere 9 Reihen Glatt rechts in Farbe B.
In der nächsten Hinreihe verdoppelst Du jede zweite Masche, indem Du diese von vorn und von hinten abstrickst.

Stricke darüber noch eine Rückreihe linker Maschen. In der nächsten Reihe alle Maschen locker abketten.

Ausarbeiten

Nähe nun das gestreifte Strickstück an der kurzen Seite zusammen. Es entsteht ein Ring, der einfarbige Teil wird der Schaft des Schühchens. Wenn Du das Strickteil nun auflegst, siehst Du die Form eines „L".

Ziehe nun mit einer stumpfen Wollnähnadel den oberen Rand der Rippen zusammen. Beginne damit an der Kerbe des „L". Damit dies gleichmäßig gelingt, stichst Du einfach rundherum am Rand unter jede Rippe ein. Hast Du alle Rippen aufgefasst, ziehst Du den Faden ganz eng zusammen und fixierst ihn mit ein paar Stichen dort, wo Du begonnen hast, also an der Öffnung des Schafts.

Genauso ziehst Du die Rippen an der Unterseite des „L" zusammen, nähst hier aber gleich weiter und schließt auch den noch offenen Teil der Fußsohle. Der einfarbige Schaft rollt sich automatisch zusammen, da er Glatt rechts gestrickt wurde.

Nun kannst Du Dein Babyschühchen nach Belieben dekorieren, zum Beispiel mit einem kleinen Wollbommel, einem Häkelblümchen oder einem Zierknopf an der Oberseite ...

Kinderpulli „Herzchen"

Dieses einfache Basismodell kannst Du in vielen Varianten stricken – einfarbig, gestreift, mit Strukturmuster wie hier, aber auch mit Ajour- und Zopfmustern oder mit Patentmustern.

Größen: 2/4/6 Jahre

Material: 3/4/4 Knäuel Omega (Lauflänge 130 m/50 g) von LANG Yarns

Nadelstärke: Rundstricknadeln 3 mm

Grundmuster: Glatt rechts (Hinreihen rechts, Rückreihen links), Kraus links (Hinreihen links, Rückreihen rechts)

Meine Maschenprobe in Glatt rechts:
22 Maschen x 34 Reihen = 10 cm x 10 cm

Anleitung

Rückenteil

66/72/78 Maschen anschlagen und 3 cm Kraus rechts als Bündchen stricken, danach 4 Reihen Glatt rechts.
Nun einmal eine Reihe von 4 Herzchen stricken (= 12 Reihen).

Damit die Herzen mittig sitzen, strickst Du vor dem ersten Musterrapport (die pinkfarbene Linie in der Strickschrift)

- für Größe 2 Jahre: 1 Randmasche, 2 rechte Maschen
- für Größe 4 Jahre: 1 Randmasche, 5 rechte Maschen
- für Größe 6 Jahre: 1 Randmasche, 8 rechte Maschen

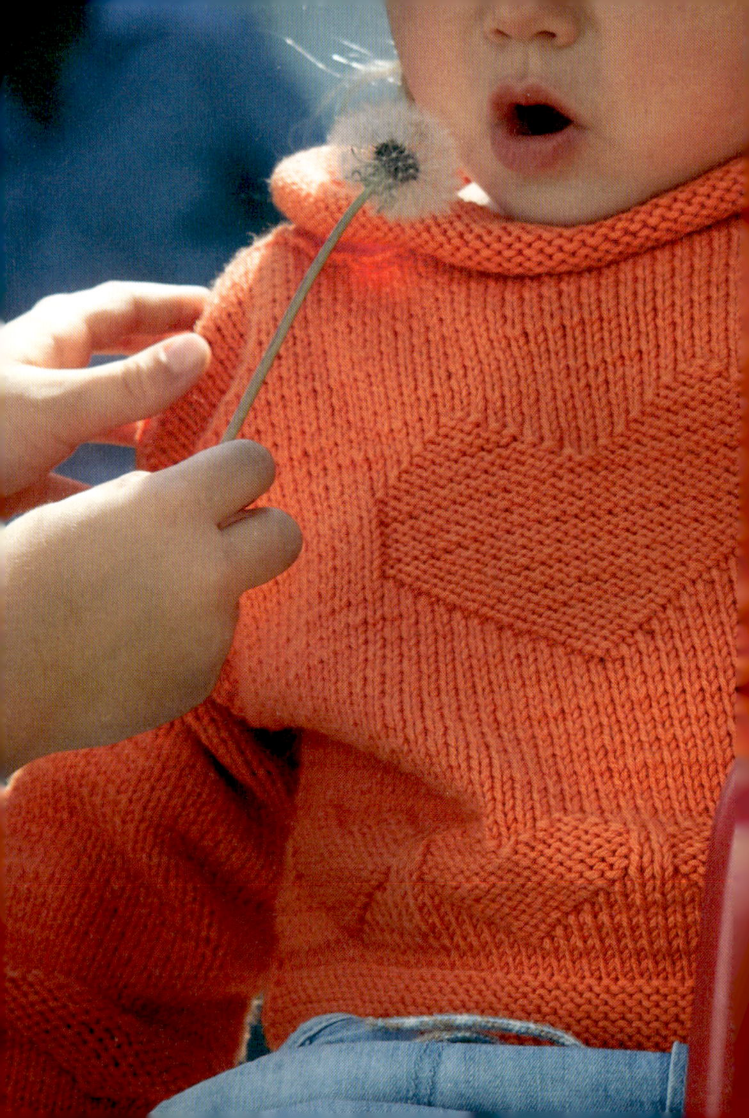

Herzchen klein

Maschenzahl teilbar durch 15 + 2 Randmaschen.

Musterrapport 15 Maschen breit, 12 Reihen hoch.

– | Einschub laut Anleitung

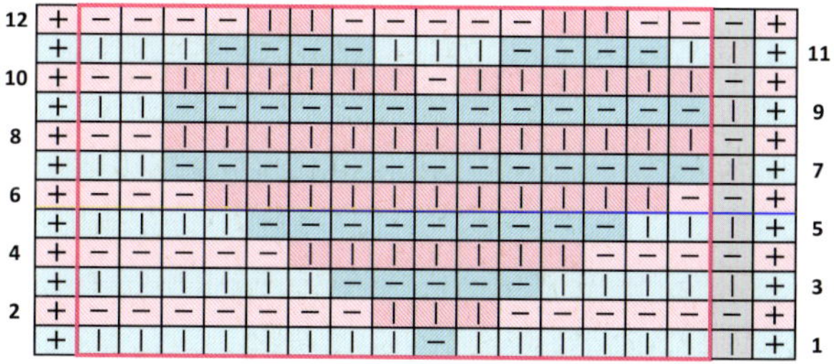

Genauso viele Maschen sollten nach dem vierten Rapport auch wieder übrig bleiben (natürlich in umgekehrter Reihenfolge).

Danach bis insgesamt **21/23/25 cm** wieder in Glatt rechts geradeaus hoch stricken.

Für den Halsausschnitt werden in einer Hinreihe die mittleren **22/24/26 Maschen** abgekettet. Die übrigen Maschen, die nach dem Abketten links vom Halsausschnitt bleiben, bilden sozusagen den linken Schulterteil (von vorne betrachtet). Stricke die Reihe zu Ende, danach eine Rückreihe und kette bei der nächsten Hinreihe noch 5 Maschen am Anfang ab. Nach dieser Reihe strickst Du noch eine Rückreihe und in der nächsten Hinreihe werden alle Maschen des linken Schulterteils abgekettet.

Nun hast Du noch die Maschen des rechten Schulterteils auf der Nadel. Nachdem Du hier zuletzt eine Hinreihe gestrickt hast, nimmst Du nun einen neuen Faden und beginnst damit eine Rückreihe zu stricken, dabei kettest Du gleich die ersten 5 Maschen ab. Danach arbeitest Du noch eine Hinreihe und eine Rückreihe ohne Abnahmen. In der nächsten Hinreihe werden alle Maschen abgekettet.

Vorderteil

Du beginnst wie für den Rückenteil. 5 cm nach der Herzchenreihe strickst Du das große Herz über die mittleren Maschen (siehe Strickschrift auf der gegenüberliegenden Seite).

Danach bis insgesamt **23/25/27 cm** wieder in Glatt rechts geradeaus hoch stricken.

Für den Halsausschnitt werden in einer Hinreihe **12/14/16 Maschen** abgekettet. Wie beim Rückenteil die Schulterteile nun separat weiterstricken, dabei an den Seiten, die dem Halsausschnitt zugewandt sind, in der übernächsten Reihe 1 x 5 Maschen, in der übernächsten Reihe 1 x 3 Maschen, in der übernächsten Reihe 1 x 2 Maschen abketten. In der übernächsten Reihe alle Maschen des linken Schulterteils abketten. Den rechten Schulterteil gegengleich arbeiten, wobei die erste Abnahme gleich in der 1. Rückreihe erfolgt.

Herzchen groß

Maschenzahl teilbar durch 26 + 2 Randmaschen.
Musterrapport 26 Maschen breit, 24 Reihen hoch.
Abgebildet ist nur die rechte Hälfte, die andere wird gegengleich gearbeitet.

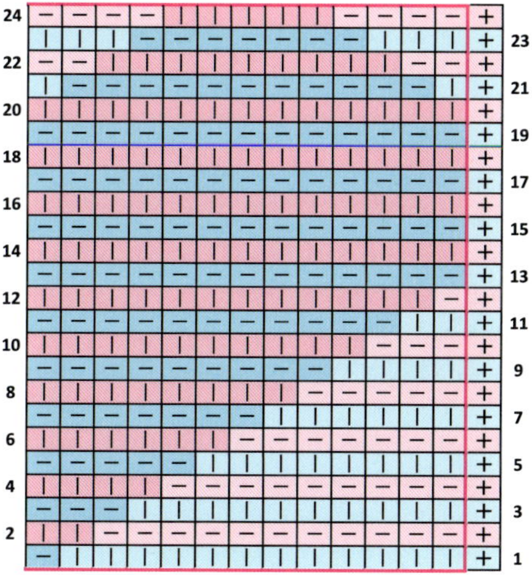

Ärmel (2 x)

47/49/51 Maschen anschlagen und 10 Reihen Kraus rechts als Bündchen stricken. Danach 4 Reihen Glatt rechts und wieder eine Reihe mit 3 kleinen Herzchen. Damit diese mittig sitzen, markiere die mittlere Masche und zähle bis zum Anfang des Rapports. Als einfachenMaschenmarkierer kannst Du eine Büroklammer verwenden.

Für die Ärmelschräge nimmst Du von Anfang an wie folgt zu:

- **6 x** in jeder 6. Reihe die 2. und vorletzte Masche verdoppeln
- **2 x/4 x/6 x** in jeder 8. Reihe die 2. und vorletzte Masche verdoppeln

Danach ohne Zunahmen geradeaus weiter stricken. Nach **22/24/26 cm** Gesamthöhe alle Maschen abketten.

Ausarbeiten

Schließe die rechte Schulternaht (von vorne betrachtet). Nähe den rechten Ärmel an die rechte Seite (die Mitte der oberen Abkettkante des Ärmels trifft auf die Schulternaht). Schließe die rechte Seite des Körpers und die untere Ärmelnaht.

Für den Kragen strickst Du nun auf der Innenseite des Halsausschnitts (Rückseite des Pullovers) ca. **90 Maschen** aus der Kante heraus. Für ein möglichst regelmäßiges Ergebnis teile den Halsausschnitt mit Hilfe von Stecknadeln (und Augenmaß) in 10 Teile. Aus jedem Teil holst Du nun (wie bei den Babyschühchen beschrieben) 9 Maschen auf die Rundstricknadel. Stricke darüber **6/7/8 cm** Glatt rechts (auf der Außenseite des Pullovers). Das ergibt ein Rollbündchen. Danach alle Maschen locker abketten.

Tipp: Damit die Abkettreihe besonders locker gelingt, kannst Du bereits in der vorletzten Reihe auf eine größere Nadelstärke wechseln (in unserem Fall 4 mm).

Nun kannst Du die linke Schulternaht und danach gleich das Rollbündchen zusammennähen.

Die andere Seite des Körpers und die untere Ärmelnaht des linken Ärmels schließen.

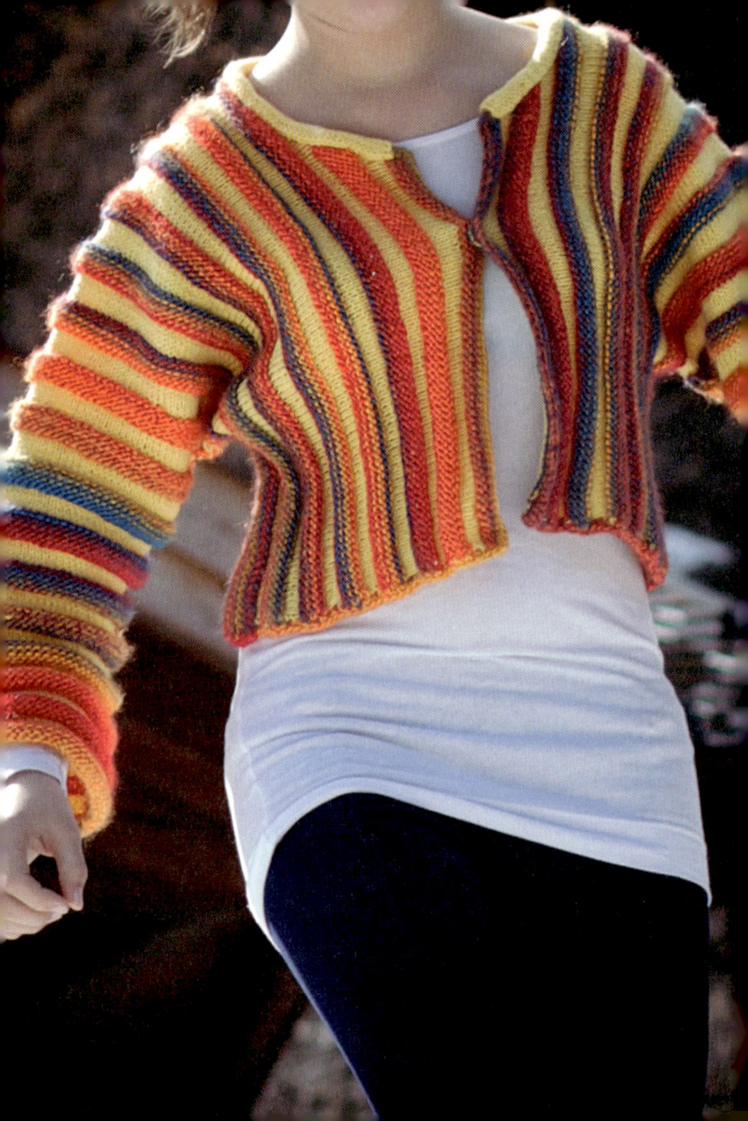

Kurzjacke „Akkordeon" mit Dreiviertelärmeln

Mützen mit diesem einfachen Muster werden gerne „Wurm“ oder „Würmchen“ genannt. Passend hier dazu eine kurze Jacke, die Du natürlich auch länger stricken kannst.

Größen: S/M/L

Material: 6/6/7 Knäuel Nobile (Lauflänge 90 m/50 g) von LANG Yarns, **3/3/4 Knäuel** Omega Baby (Lauflänge 200 m/50 g) von LANG Yarns

Nadelstärke: 2 Rundstricknadeln 4 mm

Grundmuster: Akkordeonmuster – 6 Reihen Glatt rechts in Omega Baby (Hinreihen rechts, Rückreihen links) abwechselnd mit 1 Reihe rechts und 5 Reihen Kraus links in Nobile (Hinreihen links, Rückreihen rechts)

Als **„Streifen"** werden in der Anleitung entweder 6 Glatt-Rechts-Reihen oder 6 Kraus-Links-Reihen bezeichnet.

Randmaschen: Alle Randmaschen werden für einen Knötchenrand rechts gestrickt.

Meine Maschenprobe im Akkordeonmuster:
20 Maschen x 3 Rippen Kraus + 2 Rippen Glatt = 10 cm x 10 cm

Anleitung

Gestrickt wird von Ärmel zu Ärmel, man nennt dies auch einen „Fledermaus-Schnitt“.

50/58/66 Maschen mit dem Garn Nobile anschlagen, mit 6 Reihen Kraus links beginnen.

Danach immer im Grundmuster weiter stricken.

Ab Reihe **24/36/48** (also nach dem **4./6./8. Streifen)** wird an beiden Seiten für die Ärmelschrägen durch Verdoppeln der zweiten und vorletzten Masche wie folgt zugenommen:

- 9 x in jeder 8. Reihe
- 2 x in jeder 6. Reihe
- 2 x in jeder 4. Reihe
- 4 x in jeder 2. Reihe

In der übernächsten Reihe werden am Ende der Reihe 30 Maschen mit Schlingenanschlag angeschlagen. In der folgenden Reihe ebenfalls, damit entstehen Vorderteil und Rückenteil.

Möchtest Du die Jacke länger stricken, dann nimmst Du an dieser Stelle anstatt 30 Maschen 60 oder 90 Maschen zu. Die übrigen Angaben bleiben gleich.

Nun **8/10/12 Streifen** geradeaus hoch stricken.

Danach die Hälfte der Maschen auf eine zweite Rundstricknadel aufnehmen.

Für den Rückenteil nun über die rechte Hälfte der Maschen (von der Vorderseite gesehen) weitere **6/10/14 Streifen** geradeaus hoch stricken. Mit einer Rückreihe enden, die Arbeit ruhen lassen (die Maschen bleiben auf der Nadel).

Nun mit einem neuen Faden über die andere Hälfte der Maschen den Vorderteil fertig stricken. Du beginnst mit einer Hinreihe und einer Rückreihe entsprechend dem Streifenmuster.

Für den Halsausschnitt jeweils am Anfang der nächsten Hinreihen wie folgt abketten:

- 1 x 5 Maschen
- 1 x 3 Maschen
- 2 x 2 Maschen
- 4 x 1 Masche

Nach diesen Abnahmen die Maschen zählen und notieren. Für Größe S danach alle Maschen des Vorderteils abketten. Weitere 2 Streifen für Größe M geradeaus hoch stricken und abketten. Für Größe L weitere 4 Streifen geradeaus hoch stricken und alle Maschen abketten.

Für den zweiten Vorderteil die Maschenzahl anschlagen, die Du notiert hast. Den zweiten Vorderteil gegengleich arbeiten, das heißt, mit einem Kraus-Streifen beginnen und für Größe S gleich mit den folgenden Zunahmen beginnen, für Größe M nach 2 Streifen, für Größe L nach 4 Streifen.

Für den Halsausschnitt gegengleich zunehmen. Die Zunahmen strickst Du nun immer am Ende von Rückreihen mit Schlingenanschlag wie folgt:

- 4 x 1 Masche
- 2 x 2 Maschen
- 1 x 3 Maschen
- 1 x 5 Maschen

Mit einer Rückreihe enden. Nun strickst Du wieder mit dem Rückenteil weiter über alle Maschen, das heißt, Du strickst zuerst die Maschen des Rückenteils und dann gleich weiter die Maschen des zuletzt gestrickten Vorderteils.

Nun wieder **6/10/14 Streifen** geradeaus hoch stricken.

Danach an beiden Seiten jeweils am Anfang der nächsten 2 Reihen je nach geplanter Länge 30/60/90 Maschen abketten.

Anstatt der Ärmel-Zunahmen vom Anfang wird nun im gleichen Maß abgenommen. Dafür strickst Du am Anfang einer Reihe die zweite und dritte Masche rechts überzogen zusammen und am Ende der Reihe die 2 Maschen vor der Randmasche rechts zusammen wie folgt:

- 4 x in jeder 2. Reihe
- 2 x in jeder 4. Reihe
- 2 x in jeder 6. Reihe
- 9 x in jeder 8. Reihe

Danach strickst Du noch **4/6/8 Streifen** geradeaus hoch. Alle Maschen abketten.

Ausarbeiten

Die unteren Ärmelnähte schließen. Für den Halsausschnitt auf der Rundstricknadel **140/150/160 Maschen** anschlagen und 14 Reihen Glatt rechts stricken. Diese Leiste bildet ein kleines Krausbündchen. Mit der krausen Seite außen mit kleinen Stichen um den Halsausschnitt festnähen, einmal an der Innenseite, einmal an der Außenseite.

Die Kanten können nach Belieben so belassen oder mit kleinen Stichen gesäumt oder mit festen Maschen umhäkelt werden.

Maschen abnehmen und zunehmen

Durch das Zusammenstricken von Maschen reduziert sich die Maschenzahl. Ein Strickteil wird dadurch modelliert. Es gibt verschiedene Methoden, Abnahmen zu stricken. Welche Methode Du dabei anwendest, bestimmt die Richtung der Maschen bzw. die Neigung der Abnahmen.

Maschen abnehmen durch Zusammenstricken

Du kannst Maschen rechts oder links zusammenstricken. Du kannst 2 Maschen, 3 Maschen oder mehr zusammenstricken. Im ersten Fall reduzierst Du um 1 Masche, im zweiten Fall um 2 Maschen usw.

So strickst Du 2 Maschen rechts zusammen

a) Stich mit der rechten Nadel von links in 2 Maschen der linken Nadel ein.

b) Hole den Arbeitsfaden durch beide Maschen (siehe Abb. 24).

c) Lass die zusammengestrickte Masche auf die rechte Nadel gleiten.

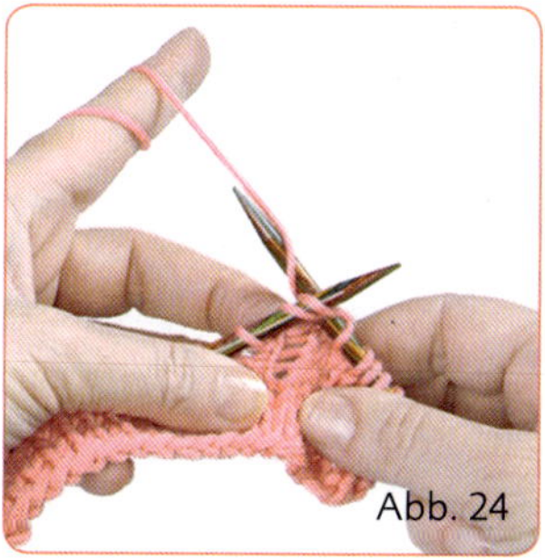
Abb. 24

So strickst Du 2 Maschen links zusammen

a) Lege den Arbeitsfaden vor die linke Nadel und vor die Maschen.

b) Stich mit der rechten Nadel von rechts in 2 Maschen ein (siehe Abb. 25).

c) Hole den Arbeitsfaden durch beide Maschen.

d) Lass die zusammengestrickte Masche auf die rechte Nadel gleiten.

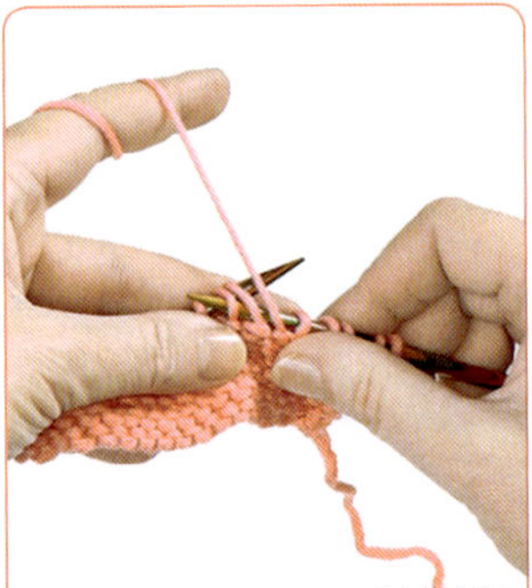

Abb. 25

Der Ablauf beim Zusammenstricken ist also genauso wie beim Stricken einer rechten bzw. einer linken Masche mit dem Unterschied, dass zwei Maschen gleichzeitig abgestrickt werden.

Diese Abnahmen neigen sich nach rechts und reduzieren die Reihe um 1 Masche.

Auf die gleiche Weise kannst Du 3 oder mehr Maschen rechts oder links zusammenstricken. Ab 4 Maschen wird es allerdings ein wenig streng, je nachdem wie elastisch Dein Garn ist.

Maschen überzogen zusammenstricken

Du kannst Maschen rechts oder links überzogen zusammenstricken. Üblicherweise werden 2 oder 3 Maschen überzogen zusammengestrickt.

So strickst Du 2 Maschen rechts überzogen zusammen

a) Eine Masche rechts abheben: Dafür stichst Du mit der rechten Nadel wie zum rechts Stricken in die nächste Masche ein und hebst sie auf die rechte Nadel (ohne sie abzustricken).

b) Die nächste Masche rechts abstricken.

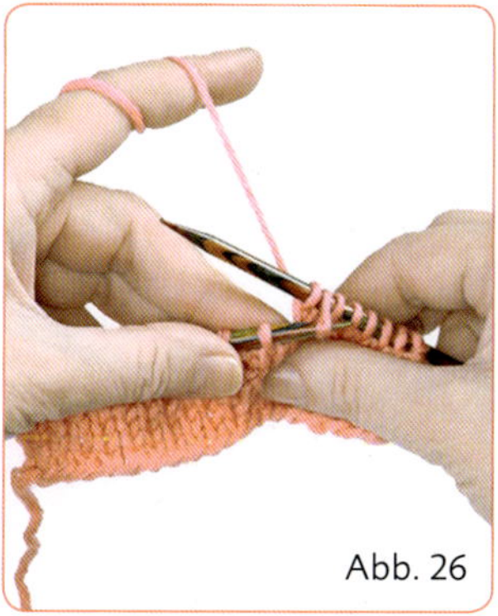

Abb. 26

c) Die abgehobene Masche mit der linken Nadel über die gestrickte Masche heben (siehe Abb. 26).

Diese Abnahme reduziert die Reihe um 1 Masche.

So strickst Du 3 Maschen rechts überzogen zusammen

a) Eine Masche abheben wie vorher beschrieben.

b) Die nächsten 2 Maschen rechts zusammenstricken.

c) Die abgehobene Masche mit der linken Nadel über die zusammengestrickte Masche heben.

Diese Abnahme reduziert die Reihe um 2 Maschen.

Alternativ (je nach Anleitung)

a) 2 Maschen wie zum Rechts-Stricken abheben.

b) Die nächste Masche rechts stricken.

c) Die 2 abgehobenen Maschen mit der linken Nadel über die gestrickte Masche heben.

So strickst Du 2 Maschen links überzogen zusammen

a) Eine Masche links abheben. Dafür stichst Du mit der rechten Nadel wie zum Links-Stricken in die nächste Masche ein und hebst sie auf die rechte Nadel (ohne sie abzustricken).

b) Die nächste Masche links stricken.

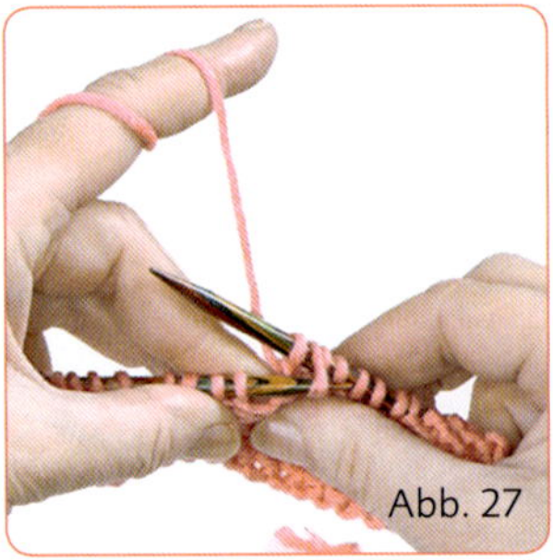

Abb. 27

c) Die abgehobene Masche mit der linken Nadel über die gestrickte Masche heben (siehe Abb. 27).

Auch diese Abnahme reduziert die Reihe um 1 Masche. Diese überzogenen Abnahmen neigen sich nach links.

Maschen zunehmen

Um Maschen zuzunehmen gibt es 3 Methoden:

- eine Masche zwischen 2 Maschen herausstricken
- eine Masche zwischen 2 Maschen verschränkt herausstricken
- einen Umschlag arbeiten

So strickst Du eine Masche zwischen 2 Maschen heraus

Zwischen 2 Maschen befindet sich jeweils ein Querfaden (siehe Abb. 28).

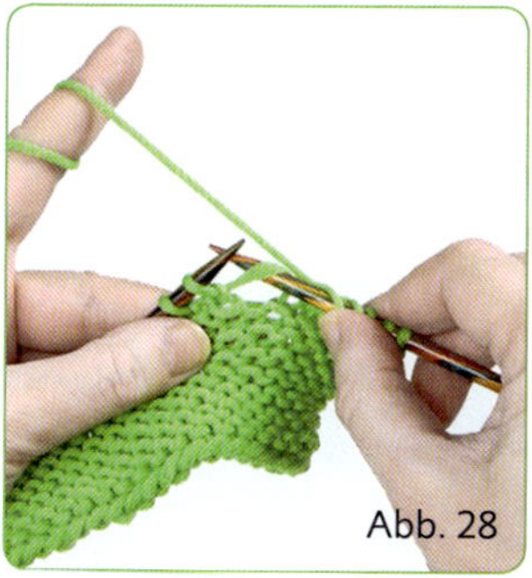

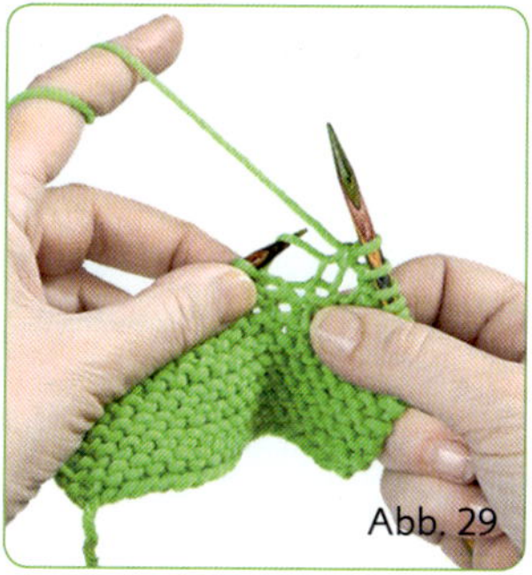

a) Hebe diesen Querfaden auf die linke Nadel (siehe Abb. 29).

b) Stricke diesen Umschlag wie eine Masche rechts oder links ab (je nach Anleitung bzw. Muster).

Bei dieser Methode entsteht eine kleine Lücke. Wenn Du diese vermeiden möchtest, wählst Du die nächste Methode.

So strickst Du eine Masche zwischen 2 Maschen verschränkt heraus

a) Hebe den Querfaden zwischen 2 Maschen auf die linke Nadel.

b) Stricke diesen Umschlag wie eine Masche links oder rechts ab, stich dabei aber in den hinteren Faden ein (siehe Abb. 30).

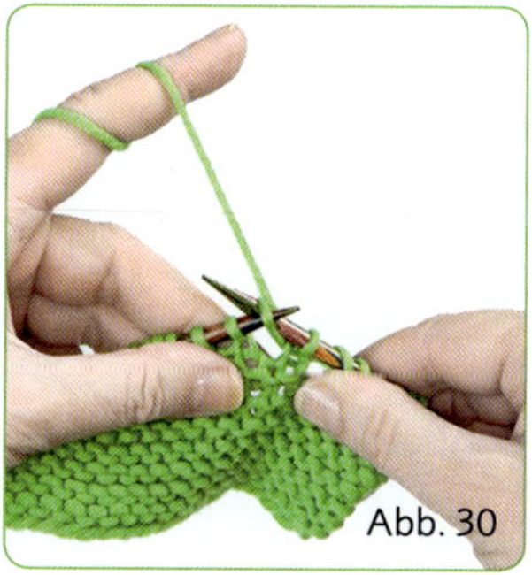

Maschen zunehmen durch Umschläge

Umschläge sind ein wesentliches Gestaltungselement bei Ajourmustern, die landläufig auch Lochmuster genannt werden. Umschläge werden in nachfolgenden Reihen bzw. Runden wie Maschen rechts oder links abgestrickt. Es entsteht ein Loch. Möchtest Du diese Löcher vermeiden, so strickst Du die Umschläge in der folgenden Reihe bzw. Runde rechts oder links verschränkt ab.

So strickst Du Umschläge

a) Lege den Arbeitsfaden von vorne nach hinten um die rechte Nadel (siehe Abb. 31).

b) Stricke die nächste Masche wie üblich und dem Muster entsprechend rechts oder links.

c) In der nächsten Reihe bzw. Runde behandelst Du den Umschlag wie eine Masche und strickst ihn rechts oder links ab.

d) Wenn Du keine Löcher erzeugen möchtest, strickst Du den Umschlag in der nächsten Reihe bzw. Runde rechts oder links verschränkt ab.

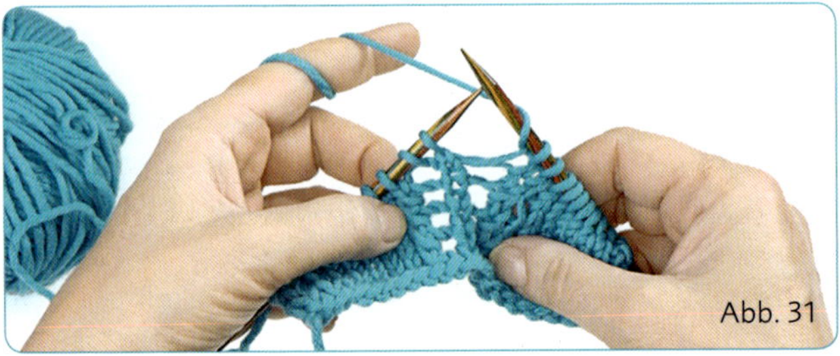
Abb. 31

Missonimuster

Maschenzahl teilbar durch 11 + 2 Randmaschen.
Musterrapport 11 Maschen breit, 2 Reihen hoch.

2	+	–	–	–	–	–	–	–	–	–	–	–	+	
	+	\	I	I	I	O	I	O	I	I	I	/	+	1

Wenn Du ein Strickstück komplett mit diesem Muster stricken möchtest, musst Du mit 4 – 6 Reihen Kraus rechts (alle Maschen in Hin- und Rückreihen rechts) beginnen, damit sich das Strickstück nicht einrollt.

Als Material eignen sich am besten Garne mit unterschiedlichen Farbverläufen. Diese bringen den „Missoni-Effekt“ am besten zur Geltung.

Anleitung

Reihe 1 (Hinreihe)
Randmasche; * 2 Maschen rechts zusammenstricken, 3 Maschen rechts, 1 Umschlag, 1 Masche rechts, 1 Umschlag, 3 Maschen rechts, 2 Maschen rechts überzogen zusammenstricken *; Randmasche.
Von * bis * fortlaufend wiederholen.
Reihe 2 Randmasche; alle Maschen links; Randmasche. Die Reihen 1 + 2 laufend wiederholen.

Möchtest Du das Muster ohne Löcher arbeiten, dann strickst Du die Umschläge in den Rückreihen links verschränkt. Einen zusätzlichen Rippeneffekt erreichst Du, indem Du in regelmäßigen oder unregelmäßigen Abständen eine Rückreihe rechter Maschen strickst.

Blümchenmuster

Maschenzahl teilbar durch 10 + 1 + 2 Randmaschen.
Musterrapport 10 Maschen breit, 12 Reihen hoch.
Abgebildet sind nur die Hinreihen.
Rückreihen: Alle Maschen links stricken.

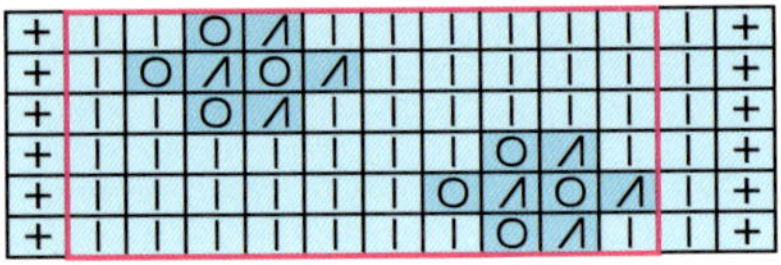

Anleitung

Reihe 1 (Hinreihe)
Randmasche; 1 Masche rechts; * 1 Masche rechts, 2 Maschen rechts zusammenstricken, 1 Umschlag, 7 Maschen rechts *.
Von * bis * fortlaufend wiederholen; Randmasche.
Alle Rückreihen linke Maschen.

Reihe 3
Randmasche; 1 Masche rechts; * 2 Maschen rechts zusammenstricken, 1 Umschlag, 2 Maschen rechts zusammenstricken, 1 Umschlag, 6 Maschen rechts *.
Von * bis * fortlaufend wiederholen; Randmasche.

Reihe 5 wie Reihe 1.

Reihe 7
Randmasche; 1 Masche rechts; * 6 Maschen rechts, 2 Maschen rechts zusammenstricken, 1 Umschlag, 2 Maschen rechts *.
Von * bis * fortlaufend wiederholen; Randmasche.

Reihe 9
Randmasche; 1 Masche rechts; * 5 Maschen rechts, 2 Maschen rechts zusammenstricken, 1 Umschlag, 2 Maschen rechts zusammenstricken, 1 Umschlag, 1 Masche rechts *.
Von * bis * fortlaufend wiederholen; Randmasche.
Reihe 11 wie Reihe 7.
Die Reihen 1 bis 12 laufend wiederholen.

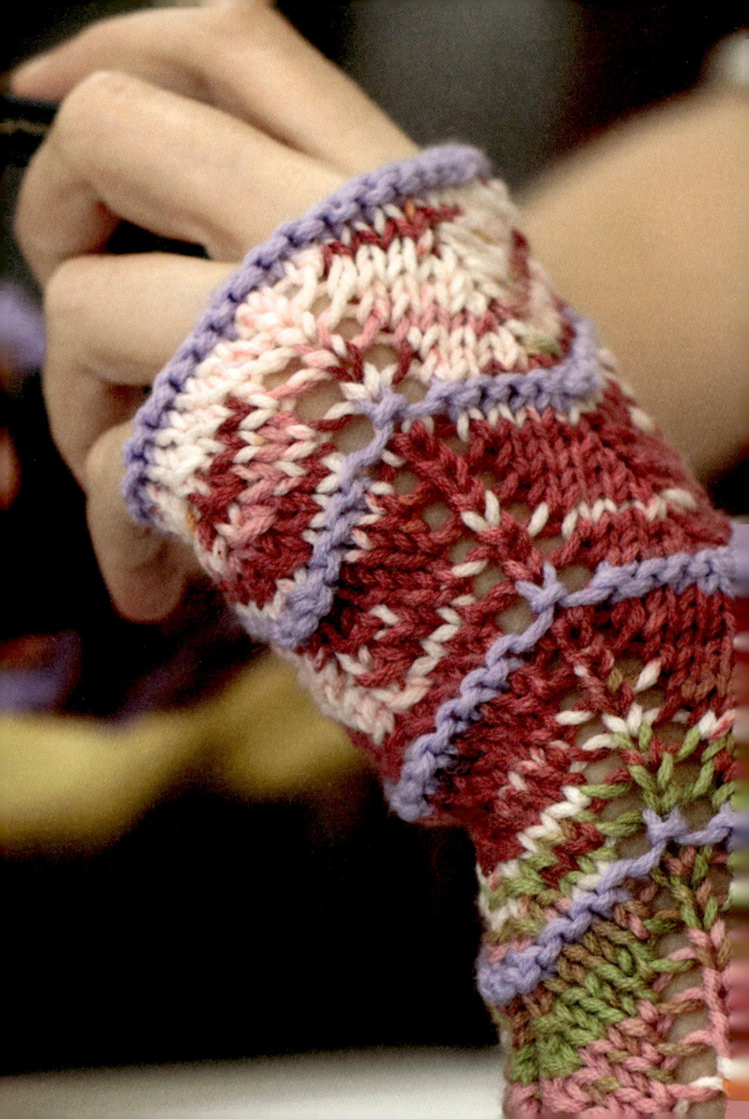

Handstulpen „Missoni"

Das Missoni-Muster zeichnet nicht nur fröhliche Zacken, sondern bildet am Rand eines Strickstücks auch eine gezackte Linie. Das macht den Reiz dieser Stulpen aus.

Größen: eine Größe passt allen
Material: 2 Knäuel Omega Color (Lauflänge 130 m/50 g) von LANG Yarns
Nadelstärke: Rundstricknadel 4 mm
Grundmuster: Missoni-Muster (siehe S. 85)
Randmaschen: Stricke einen Kettrand, der sich am besten zum Zusammennähen eignet (siehe S. 40)
Meine Maschenprobe:
22 Maschen x 34 Reihen = 10 cm x 10 cm

Anleitung

Für die Handstulpen werden **44 Maschen** angeschlagen. Leichte Größenvariationen erzielst Du, indem Du eine kleinere Nadelstärke (3 mm) oder eine größere (5 mm) verwendest. Über die ersten **40 Reihen** strickst Du jede vierte Reihe (Rückreihe) alle Maschen rechts. Danach weiter laut Strickschrift bis zur gewünschten Höhe. Alle Maschen locker abketten.

Ausarbeiten

Die Längsnaht mit kleinen Stichen schließen, dabei einen Schlitz für den Daumen offen lassen.

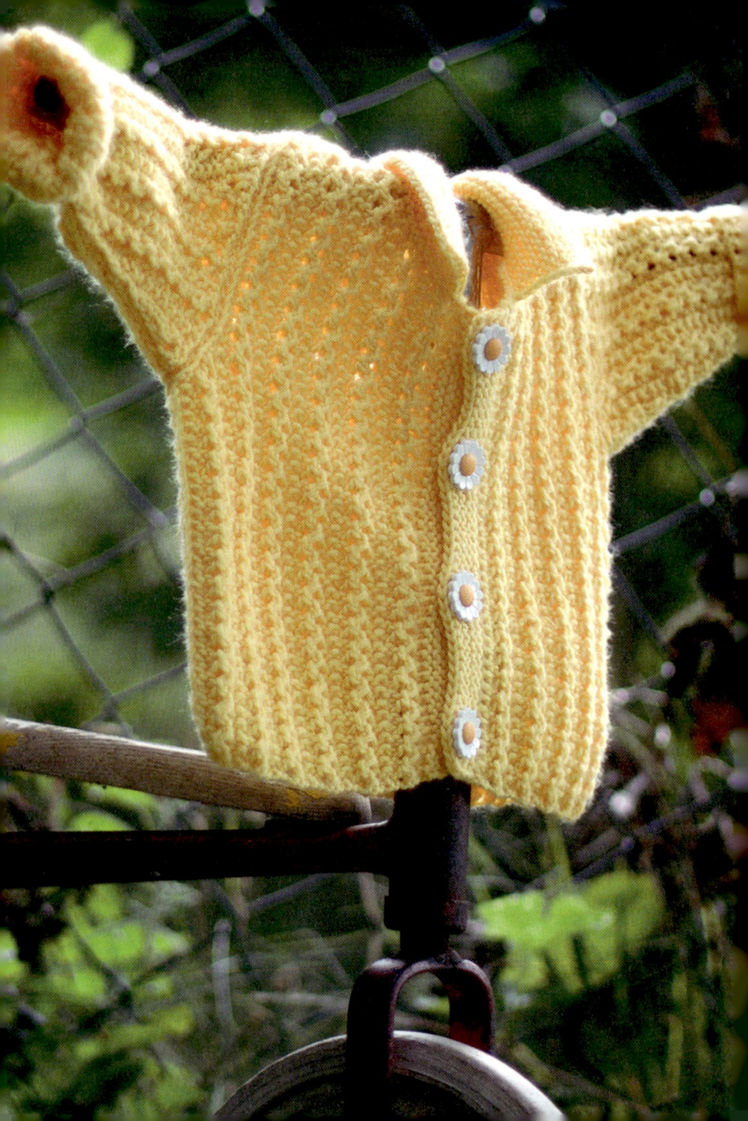

Super Easy Babyjacke mit Ajourstreifen

Dieses einfache Babyjäckchen kannst Du als Basis auch für andere Struktur- und Ajourmuster verwenden.

Größen: 6/12/18 Monate

Material: 2/3/3 Knäuel Omega Baby (Lauflänge 200 m/ 50 g) von LANG Yarns

Nadelstärke: Rundstricknadel 3 mm

Meine Maschenprobe Ajourstreifen:

30 Maschen x 38 Reihen = 10 cm x 10 cm

Grundmuster Ajourstreifen

Ajourrippen

Maschenzahl teilbar durch 5 + 2 Randmaschen.
Musterrapport 5 Maschen breit, 4 Reihen hoch.

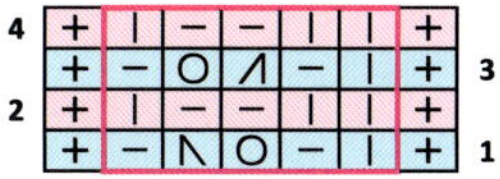

Reihe 1 (Hinreihe)

Randmasche; * 1 Masche rechts, 1 Masche links, 1 Umschlag, 2 Maschen rechts überzogen zusammenstricken, 1 Masche links *.

Von * bis * laufend wiederholen; Randmasche.

Reihe 2 und alle weiteren Rückreihen

Randmasche; * 1 Masche rechts, 2 Maschen links, 2 Maschen rechts *.

Von * bis * laufend wiederholen; Randmasche.

Reihe 3
Randmasche; * 1 Masche rechts, 1 Masche links,
2 Maschen rechts zusammenstricken, 1 Umschlag,
1 Masche links *.
Von * bis * laufend wiederholen; Randmasche.
Die Reihen 1 bis 4 fortlaufend wiederholen.

Anleitung

Rückenteil

77/82/87 Maschen anschlagen und 16 cm im Grundmuster arbeiten.

Nach **25/27/29 cm** für den Halsausschnitt die mittleren **13/15/17 Maschen** abketten, danach die beiden Schulterteile getrennt arbeiten.

Am linken Schulterteil (von vorne betrachtet) in den folgenden 2 Hinreihen am Anfang noch jeweils 3 Maschen abketten.

Nach insgesamt **27/29/31 cm** alle Maschen des linken Schulterteils abketten.

Mit einem neuen Faden den rechten Schulterteil weiter stricken, dabei mit einer Rückreihe beginnen und gleich am Anfang 3 Maschen abketten. In der nächsten Rückreihe noch einmal 3 Maschen am Anfang abketten. Nach insgesamt **27/29/31 cm** alle Maschen des rechten Schulterteils abketten.

Vorderteile

42/47/52 Maschen anschlagen. Für den linken Vorderteil (von vorne betrachtet) strickst Du am Anfang aller

Hinreihen nach der Randmasche und am Ende vor der Randmasche jeweils 5 Maschen Kraus rechts, also rechte Maschen sowohl in den Hinreihen als auch in den Rückreihen.

Stricke im Grundmuster **23/25/27 cm** geradeaus hoch. Für den Halsausschnitt jeweils am Anfang der nächsten Hinreihen wie folgt abketten:

- 1 x 6 Maschen
- 1 x 5 Maschen
- 1 x 3 Maschen
- 2 x 2 Maschen
- 1 x 1 Masche

Danach noch geradeaus hoch stricken bis **27/29/31 cm** und alle Maschen abketten.

Den zweiten Vorderteil gegengleich stricken.

Ärmel (2 x)

37/42/47 Maschen anschlagen. Für die Ärmelschrägen in jeder sechsten Reihe am Anfang die zweite Masche und am Ende die vorletzte Masche verdoppeln.

In einer Höhe von **23/25/27 cm** alle Maschen abketten.

Den zweiten Ärmel genauso stricken.

Ausarbeiten

Die Vorderteile an den Schultern mit dem Rückenteil zusammennähen.

Die Ärmel seitlich an die Schultern nähen, so dass die Ärmelmitte mit der Schulternaht übereinstimmt.

Die Seiten jedes Vorderteils mit dem seitlichen Rückenteil zusammennähen und die unteren Ärmelnähte schließen.

Für den Kragen 80 Maschen aus dem Halsausschnitt von außen herausstricken und 20 Reihen Kraus rechts arbeiten. Alle Maschen locker abketten, allenfalls die letzten 2 Reihen mit einer größeren Nadelstärke stricken.

An der vorderen Knopfleiste innen Druckknöpfe und außen Zierknöpfe annähen.

Zopfen

Beim Zopfen werden Maschen sozusagen in der Reihenfolge vertauscht. Dies kann – je nach Art und Maschenzahl des Zopfes – mit oder ohne Hilfsnadeln geschehen. Zum Zopfen benötigst Du nicht unbedingt Hilfsnadeln. Werden nur wenige Maschen gezopft, dann kannst Du auf zusätzliche Nadeln verzichten.

Das Zopfen erzeugt eine starke Spannung in den verzopften Maschen. Damit sich ein Zopfmuster richtig entfalten kann, musst Du zwischen den Reihen, in denen Du zopfst, immer eine oder mehrere Runden ohne Zopfen stricken.

Faustregel: Du strickst so viele Reihen, wie Du Maschen für einen Zopf verwendet hast, plus 1 Reihe. Also 3 Reihen bei einem 1/1-Zopf, 5 Reihen bei einem 2/2-Zopf u. s. w.

Natürlich kannst Du zwischen den Zopfreihen auch mehr Reihen ohne Zopfen stricken.

Zopfen ohne Hilfsnadel

So strickst Du einen nach links drehenden 1/1-Zopf ohne Hilfsnadel

Gezopft wird über jeweils 2 rechte Maschen.

a) Stricke hinter der Arbeit die zweite Masche rechts ab. Die Masche bleibt noch auf der Nadel.

b) Stricke danach die erste Masche wie üblich rechts ab.

c) Lass nun beide Maschen auf die rechte Nadel gleiten.

Stricke danach mindestens 3 Reihen ohne Zopfen.

So strickst Du einen nach rechts drehenden 1/1-Zopf ohne Hilfsnadel

Gezopft wird über jeweils 2 rechte Maschen.

a) Hebe die zweite Masche von vorne mit der rechten Nadel ein wenig von rechts an.

b) Stricke die zweite Masche rechts ab. Die Masche bleibt noch auf der Nadel.

c) Lege den Arbeitsfaden hinter die Nadel.

d) Stricke nun die erste Masche rechts ab.

e) Lass beide Maschen auf die rechte Nadel gleiten.

Stricke danach mindestens 3 Reihen ohne Zopfen.

So strickst Du einen nach links drehenden 2/2-Zopf ohne Hilfsnadel

Gezopft wird über jeweils 4 rechte Maschen.

a) Stricke hinter der Arbeit die dritte Masche rechts ab. Die Masche bleibt noch auf der Nadel (siehe Abb. 32).

b) Stricke hinter der Arbeit die vierte Masche rechts ab (siehe Abb. 33).

c) Die Masche bleibt noch auf der Nadel.

d) Stricke die erste Masche von vorne wie üblich ab (siehe Abb. 34).

e) Lass die Masche auf die rechte Nadel gleiten.

f) Stricke die zweite Masche von vorne wie üblich ab (siehe Abb. 35).

g) Lass alle Maschen auf die rechte Nadel gleiten.

Stricke danach mindestens 5 Reihen ohne Zopfen.

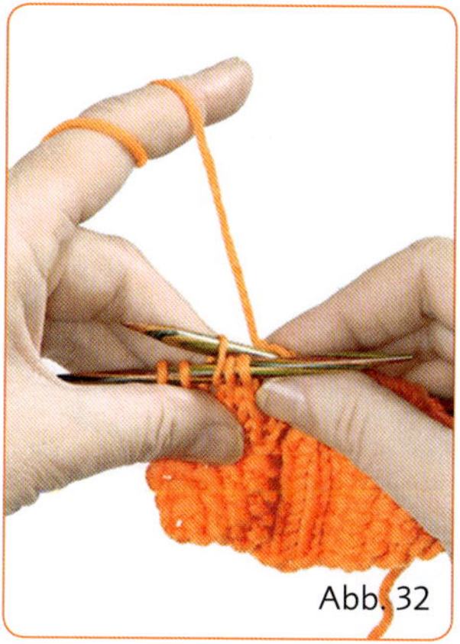
Abb. 32

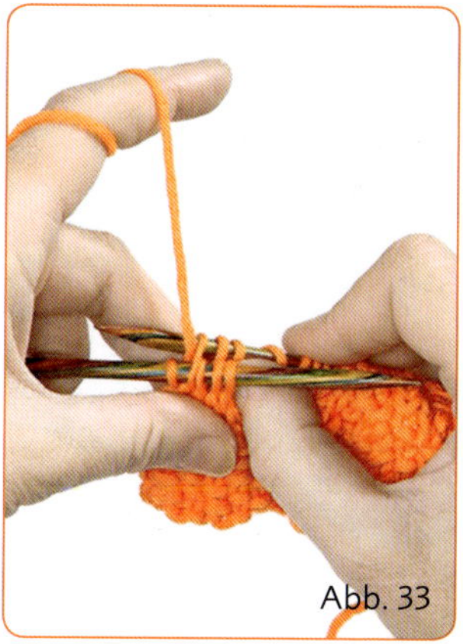
Abb. 33

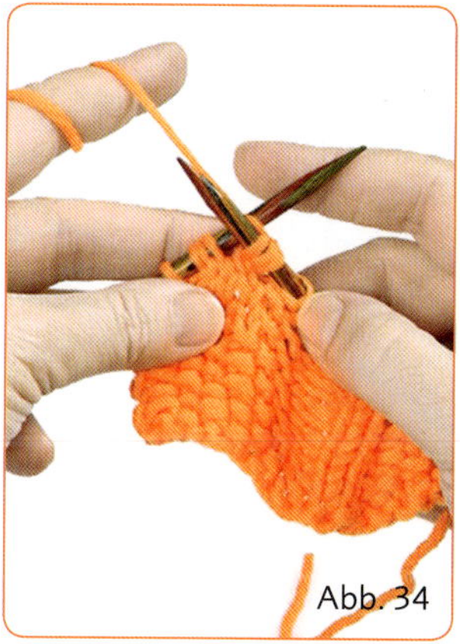
Abb. 34

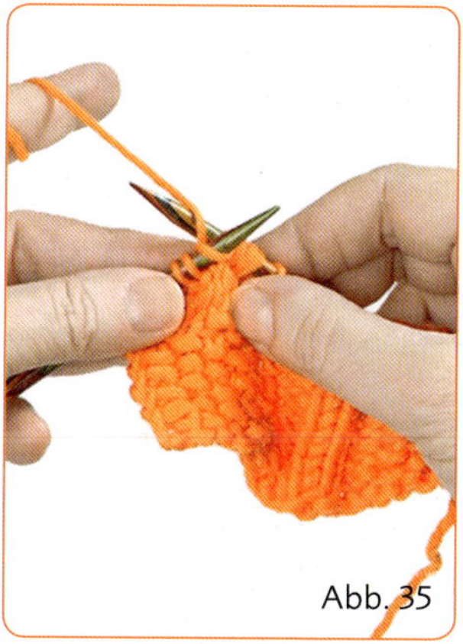
Abb. 35

So strickst Du einen nach rechts drehenden 2/2-Zopf ohne Hilfsnadel

Gezopft wird über jeweils 4 rechte Maschen.

a) Hebe mit der rechten Nadel die dritte Masche von rechts etwas an (siehe Abb. 36).

b) Stricke die dritte Masche vor der Arbeit rechts ab. Die Masche bleibt auf der linken Nadel (siehe Abb. 37).

c) Hebe mit der rechten Nadel die vierte Masche von rechts etwas an.

d) Stricke die vierte Masche vor der Arbeit rechts ab, die Masche bleibt ebenfalls auf der linken Nadel.

e) Lege den Arbeitsfaden hinter die Arbeit bzw. hinter die Nadel.

f) Stricke die erste Masche von vorne wie üblich ab.

g) Lass die Masche auf die rechte Nadel gleiten.

h) Stricke die zweite Masche von vorne wie üblich ab.

i) Lass alle Maschen auf die rechte Nadel gleiten.

Stricke danach mindestens 5 Reihen ohne Zopfen.

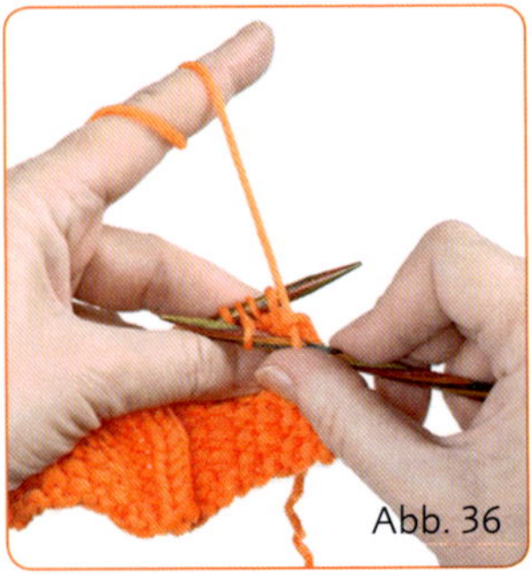

Abb. 36

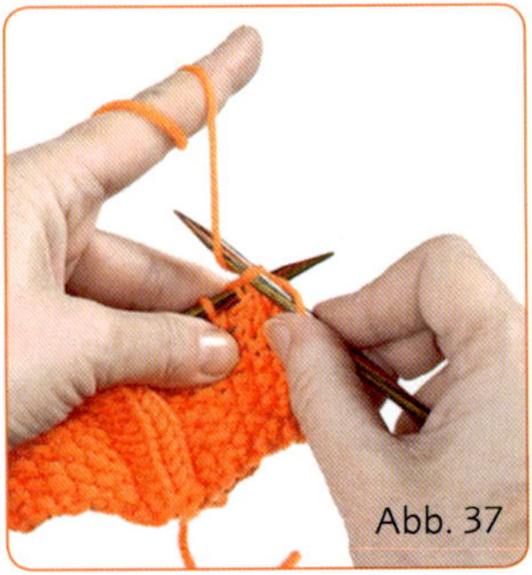

Abb. 37

Zopfen mit Hilfsnadel

Es gibt spezielle Zopfnadeln, die in der Mitte einen kleinen Knick haben. Das verhindert, dass Maschen versehentlich von der Nadel gleiten. Im Handel findest Du auch 10 cm kurze Nadelspiele, die Du ebenfalls als Hilfsnadeln verwenden kannst. Du kannst aber auch eine Nadel aus einem Nadelspiel der Länge 15 cm nehmen.

Wenn Du normale Nadeln als Hilfe beim Zopfen verwendest, dann fixierst Du sie nach dem Abheben der Zopfmaschen vor oder hinter der Arbeit, indem Du sie in ein paar Maschen steckst.

So strickst Du einen nach links drehenden 3/3-Zopf mit Hilfsnadel

Gezopft wird über jeweils 6 rechte Maschen.

a) 3 Maschen von rechts auf eine Hilfsnadel heben.

b) Die Hilfsnadel mit den Maschen vor die Arbeit legen (siehe Abb. 38).

c) Die nächsten 3 Maschen mit der rechten Nadel wie üblich rechts abstricken.

d) Danach die 3 Maschen von der Hilfsnadel rechts abstricken.

Stricke über jede Zopfreihe mindestens 7 Reihen ohne Zopfen.

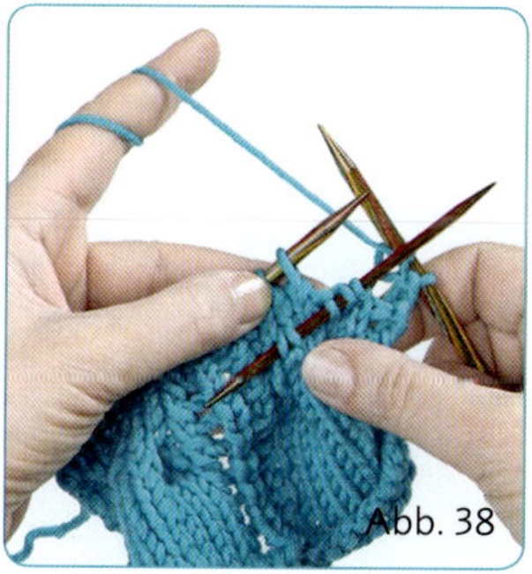

Abb. 38

So strickst Du einen nach rechts drehenden 3/3-Zopf mit Hilfsnadel

Gezopft wird über jeweils 6 rechte Maschen.

a) 3 Maschen von rechts auf eine Hilfsnadel heben.

b) Die Hilfsnadel hinter die Arbeit legen (siehe Abb. 39).

c) Die nächsten 3 Maschen mit der rechten Nadel wie üblich rechts abstricken.

d) Danach die 3 Maschen von der Hilfsnadel rechts abstricken.

Stricke über jede Zopfreihe mindestens 7 Reihen ohne Zopfen.

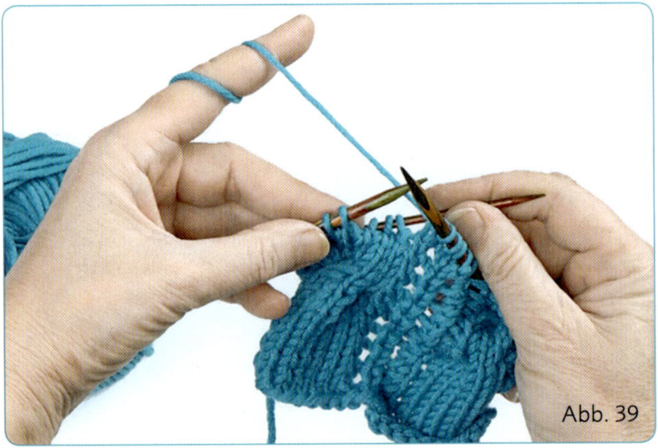

Abb. 39

Bündchenmuster „Minizöpfchen"

Maschenzahl teilbar durch 4 + 2 Randmaschen.
Musterrapport 8 Maschen breit, 2 Reihen hoch.
Abgebildet sind nur die Hinreihen.
Rückreihen: Alle Maschen werden gestrickt wie sie erscheinen.

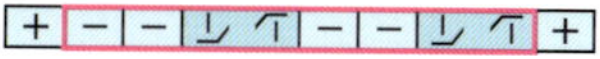
1

Diese Minizöpfchen benötigen keine Hilfsnadeln und ergeben besonders attraktive Bündchen.

Anleitung

Vorbereitungsreihe a (Rückreihe):
Randmasche; * 2 Maschen rechts, 2 Maschen links *.
Von * bis * fortlaufend wiederholen; Randmasche.
Reihe 1 Randmasche; * 2 Maschen nach links zopfen: die zweite Masche von hinten rechts abstricken, noch auf der linken Nadel lassen, danach die erste Masche von vorne rechts abstricken, beide Maschen von der Nadel gleiten lassen, 2 Maschen links *.
Von * bis * fortlaufend wiederholen; Randmasche.
Reihe 2 Alle Maschen stricken wie sie erscheinen.
Reihe 1 + 2 laufend wiederholen.

Du kannst zwischen den Zopfreihen auch mehr Reihen im Rippenmuster stricken und die Minizöpfchen auch unterschiedlich drehen und kombinieren.

Zopfmuster reversi

Maschenzahl teilbar durch 13 + 10 + 2 Randmaschen.
Musterrapport 8 Maschen breit, 10 Reihen hoch.
Rückreihen: Alle Maschen stricken wie sie erscheinen, ausgenommen Perlmuster.

4p 4 Maschen Perlmuster laut Anleitung
Va Vorbereitungsreihe a

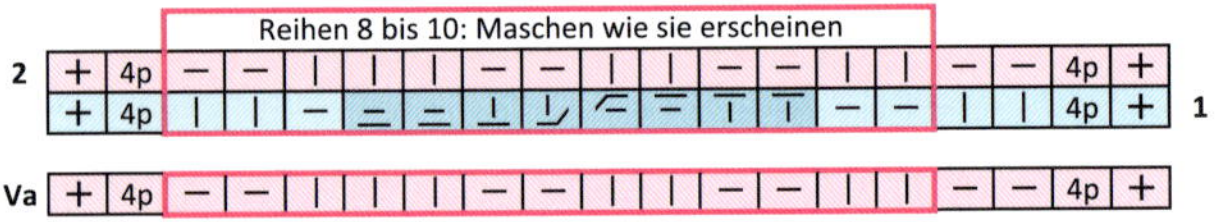

Dieses Muster zeigt auf beiden Seiten Zöpfe und eignet sich daher gut für Schals und Tücher.

Anleitung

An den seitlichen Rändern werden 4 Maschen Perlmuster laut Strickschrift gestrickt. Dies verhindert das Einrollen der Ränder.

In allen Rückreihen werden die Maschen gestrickt wie sie erscheinen (das Perlmuster ausgenommen).

Bevor Du das Zopfmuster beginnst, kannst Du einige Reihen Rippenmuster wie folgt stricken:

Vorbereitungsreihe a (Rückreihe)
Randmasche; 1 Masche rechts, 1 Masche links,
1 Masche rechts, 1 Masche links;
* 2 Maschen links, 3 Maschen rechts, 2 Maschen links,
2 Maschen rechts, 2 Maschen links, 2 Maschen rechts *.

Von * bis * fortlaufend wiederholen.
Die Reihe endet mit 2 Maschen links; 1 Masche links, 1 Masche rechts, 1 Masche links, 1 Masche rechts; Randmasche.

Vorbereitungsreihe b (Hinreihe)

Alle Maschen stricken wie sie erscheinen, ausgenommen Perlmuster: dabei werden die Maschen umgekehrt gestrickt als sie erscheinen.

Reihe 1 (Hinreihe)

Randmasche; 4 Maschen Perlmuster, 2 Maschen rechts; * 2 Maschen links, 4 Maschen auf eine Hilfsnadel vor die Arbeit legen, die nächsten 4 Maschen abstricken wie sie erscheinen (2 Maschen rechts, 2 Maschen links), danach die Maschen der Hilfsnadel abstricken (2 Maschen rechts, 2 Maschen links), 1 Masche links, 2 Maschen rechts; *.
Von * bis * fortlaufend wiederholen.
Reihe endet mit 4 Maschen Perlmuster; Randmasche.

Reihen 2 bis 10

Maschen stricken wie sie erscheinen (ausgenommen Perlmuster).
Die Reihen 1 bis 10 laufend wiederholen.

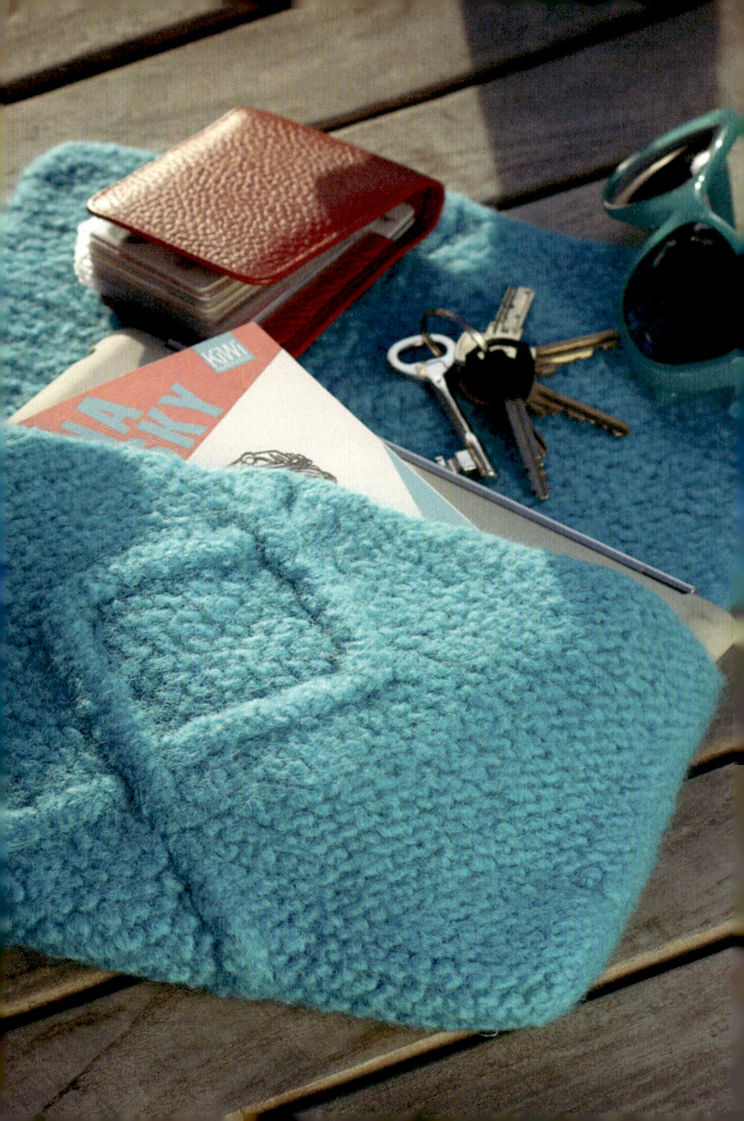
KiWi

Gefilzte Clutch mit Zopfrauten und Perlmuster

Wir verwenden dafür Filzwolle und filzen die fertige Tasche in der Waschmaschine. Dabei musst Du beachten, dass die Teile nach dem Waschen ca. um ein Drittel bis ein Viertel ihrer Größe einlaufen. Die Banderole des Filzgarns sollte über den Grad der Schrumpfung Auskunft geben.

Tipp: Bei Arbeiten mit Filzwolle ist eine Maschenprobe unerlässlich! Diese kannst Du nach dem Filzen allerdings nicht mehr auftrennen. Vergiss nicht, die Maschenprobe auch vor dem Waschen zu messen!

Größe: Länge 24 cm, Breite 19 cm, Höhe 1 cm
Material: 6 Knäuel Wash-Filz von Pro Lana (Lauflänge 50 m/50 g)
Nadelstärke: Rundstricknadeln 7 mm
Grundmuster: Kraus rechts: Hin- und Rückreihen rechte Maschen
Kleines Perlmuster: laut Anleitung (siehe S. 58)
An beiden Seiten des Zopfs wird im Grundmuster Kraus rechts gestrickt, innerhalb des Zopfes ein Kleines Perlmuster.
Zopfrauten mit Perlmuster: laut Strickschrift (siehe S. 107)
Meine Maschenprobe in Kraus rechts:
12 Maschen x 16 Reihen = 10 cm x 10 cm

Die Clutch wird in einem Stück gestrickt, beginnend an einer Längskante. Gearbeitet wird 3 x die Breite. Das Strickteil wird so zusammengenäht, dass eine Breite als Überschlag dient. Mit entsprechenden Zugaben für das Filzen stricken wir ein Rechteck von ca. 32 cm x 76 cm. Durch das gefilzte Material ist Deine Tasche sehr robust und der Inhalt stoßsicher geschützt.

Anleitung

Die Zöpfe sind ohne Hilfsnadeln angegeben, Du kannst diese aber auch mit Hilfsnadeln stricken.

Für die Clutch **40 Maschen** anschlagen, gestrickt werden insgesamt **122 Reihen,** wobei am Anfang einmal das Zopfmuster gestrickt und dann mit Kraus rechts fortgesetzt wird.

Zopfrauten mit Perlmuster
(Strickschrift gegenüber)
Maschenzahl teilbar durch 24 + 2 Randmaschen.
Musterrapport 24 Maschen breit, 36 Reihen hoch.
Abgebildet ist die rechte Hälfte des Musters,
die andere Hälfte wird gegengleich gestrickt.

Vorbereitungsreihe (Rückreihe)
1 Randmasche; 16 Maschen rechts, 2 Maschen links, 2 Maschen rechts, 2 Maschen links, 16 Maschen rechts; 1 Randmasche.

V Vorbereitungsreihe

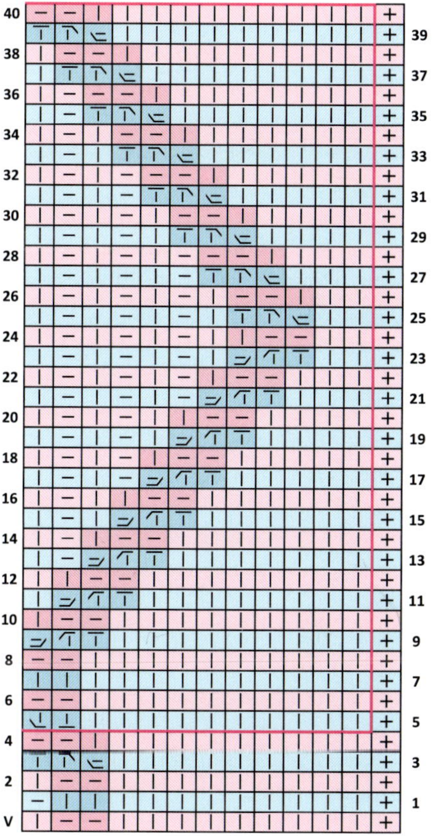

Reihe 1
1 Randmasche; 16 Maschen rechts, 2 Maschen rechts, 2 Maschen links, 2 Maschen rechts, 16 Maschen rechts; 1 Randmasche.
Reihe 2 Wie Vorbereitungsreihe.
Reihe 3
1 Randmasche; 16 Maschen rechts, 1:2 Maschen nach links zopfen (die dritte Masche von hinten abstricken, die erste Masche von vorne rechts stricken, auf die rechte Nadel gleiten lassen, die zweite Masche von vorne rechts stricken, diese und die restliche Masche auf die rechte Nadel gleiten lassen); 2:1 Maschen nach rechts zopfen (die zweite Masche anheben und rechts abstricken, die dritte Masche anheben und rechts abstricken, die erste Masche links abstricken, die 3 Maschen auf die rechte Nadel gleiten lassen); 16 Maschen rechts; 1 Randmasche.
Reihe 4
1 Randmasche; 16 Maschen rechts, 1 Masche rechts, 4 Maschen links, 1 Masche rechts, 16 Maschen rechts; 1 Randmasche.
Reihe 5
1 Randmasche; 17 Maschen rechts, 2:2 Maschen nach links zopfen (die dritte Masche von hinten rechts abstricken, die vierte Masche von hinten rechts abstricken, beide Maschen bleiben noch auf der Nadel, die erste Masche rechts abstricken und auf die rechte Nadel gleiten lassen, die zweite Masche rechts abstricken und diese und die restlichen 2 Maschen auf die

rechte Nadel gleiten lassen), 17 Maschen rechts; 1 Randmasche.

Reihe 6

1 Randmasche; 17 Maschen rechts, 4 Maschen links, 17 Maschen rechts; 1 Randmasche.

Reihe 7

1 Randmasche; alle Maschen rechts; 1 Randmasche.

Reihe 8 Wie Reihe 6.

Reihe 9

1 Randmasche; 16 Maschen rechts, 2:1 Maschen nach rechts zopfen (die zweite Masche von vorne anheben und rechts abstricken, auf der Nadel lassen, die dritte Masche von vorne anheben und rechts abstricken, auf der Nadel lassen, die erste Masche links abstricken, alle 3 Maschen auf die rechte Nadel gleiten lassen), 1:2 Maschen nach links zopfen (die dritte Masche von hinten links abstricken, auf der Nadel lassen, die erste Masche von vorne rechts abstricken, auf die rechte Nadel gleiten lassen, die zweite Masche von vorne rechts abstricken, diese und die verbleibende Masche auf die rechte Nadel gleiten lassen), 16 Maschen rechts; 1 Randmasche.

Reihe 10

1 Randmasche; 16 Maschen rechts, 2 Maschen links, 2 Maschen rechts, 2 Maschen links, 16 Maschen rechts; 1 Randmasche.

Reihe 11

1 Randmasche; 15 Maschen rechts, 2:1 Maschen nach rechts zopfen (wie in Reihe 9), 1 Masche rechts,

1 Masche links, 1:2 Maschen nach links zopfen (wie in Reihe 9), 15 Maschen rechts; 1 Randmasche.

Nach diesen Vorgaben strickst Du laut Strickschrift weiter, die Zöpfe werden in der gleichen Richtung gearbeitet wie in Reihe 11.

Reihe 25

Nun ändert sich die Richtung der Zöpfe, die Raute wird wieder schmäler, das Perlmuster innerhalb der Zöpfe ebenfalls.

1 Randmasche; 9 Maschen rechts, 2:1 Maschen nach links zopfen (die dritte Masche von hinten links abstricken, auf der Nadel lassen, die erste Masche von vorne rechts abstricken, auf die rechte Nadel gleiten lassen, die zweite Masche von vorne rechts abstricken, diese und die verbleibende Masche auf die rechte Nadel gleiten lassen), 14 Maschen Perlmuster, 1:2 Maschen nach rechts zopfen (die zweite Masche von vorne anheben und rechts abstricken, auf der Nadel lassen, die dritte Masche von vorne anheben und rechts abstricken, auf der Nadel lassen, die erste Masche von vorne links abstricken, alle 3 Maschen auf die rechte Nadel gleiten lassen), 9 Maschen rechts; 1 Randmasche.

Nach diesen Vorgaben strickst Du laut Strickschrift weiter, die Zöpfe werden in der gleichen Richtung gearbeitet wie in Reihe 25.

Reihe 39

1 Randmasche; 16 Maschen rechts, 2:1 Maschen nach links zopfen (wie in Reihe 25), 1:2 Maschen nach rechts zopfen (wie in Reihe 25), 16 Maschen rechts; 1 Randmasche.

Reihe 40

1 Randmasche; 16 Maschen rechts, 1 Masche rechts, 4 Maschen links, 1 Masche rechts, 16 Maschen rechts; 1 Randmasche.

Nun kannst Du entweder im Grundmuster Kraus rechts weiterstricken bis zu einer Höhe von **76 cm,** oder aber noch 2 x die Raute wiederholen, in diesem Fall strickst Du weiter bei Reihe 5 der Strickschrift.

Danach alle Maschen locker abketten.

Ausarbeiten

Das Rechteck dritteln und so zusammenlegen, dass ein Drittel den Taschen-Umschlag bildet. Die rechte Seite liegt beim Zusammennähen außen. Die beiden Teile, welche die Tasche bilden, mit kleinen Stichen zusammennähen.

Waschfilzen

Nach dem Zusammennähen die Tasche in die Waschmaschine legen und ohne jegliche Zusätze bei 40 Grad waschen und schleudern. Danach die Tasche noch in feuchtem Zustand in Form ziehen und auf einer flachen, saugfähigen Unterlage liegend trocknen.

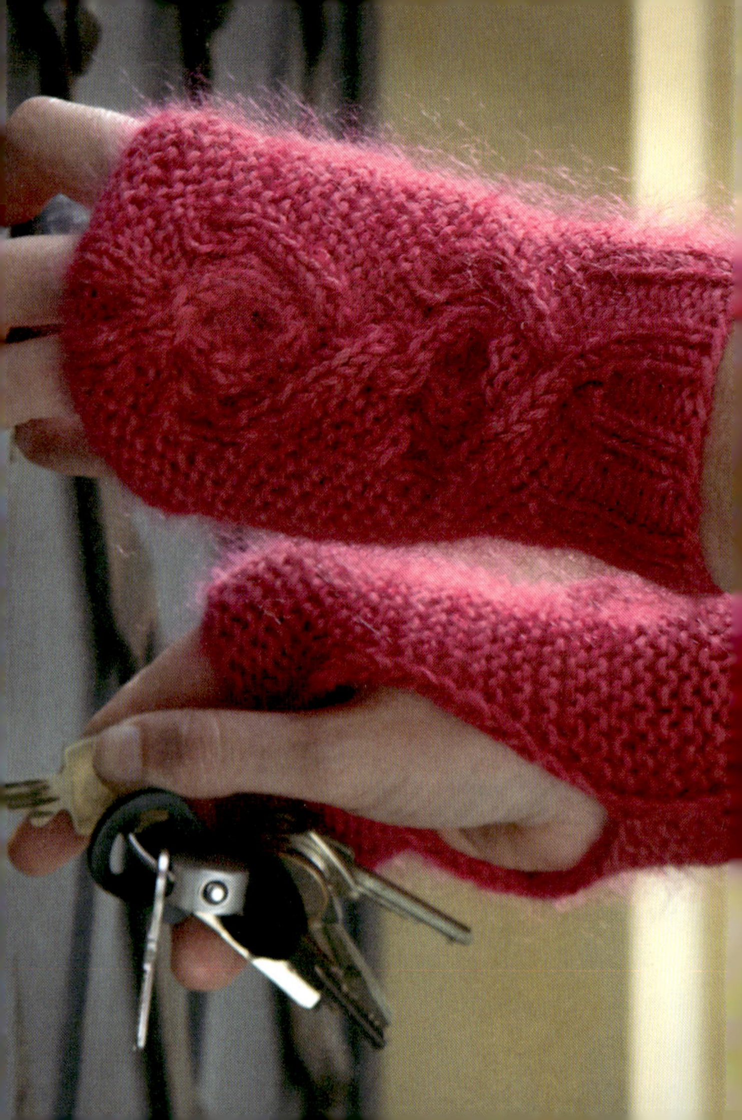

Armstulpen mit Herzchen-Zopf

Kuschelige Armstulpen sind eine gute Reste-Verwertung und bilden eine modische Kombination mit Mützen, Tüchern und Schals.

Größe: eine Größe passt allen

Material: 1 Knäuel Omega Baby von LANG Yarns (Lauflänge 200 m/50 g), **1 Knäuel** Mohair Luxe von LANG Yarns (Lauflänge 175 m/25 g)

Nadelstärke: Rundstricknadel 4 mm, gestrickt wird mit beiden Fäden

Grundmuster: 2/2-Rippenmuster (abwechselnd 2 Maschen rechts, 2 Maschen links), Kraus rechts (alle Maschen in Hin- und Rückreihen rechts) und Herzchen-Zopf. Beim Zopfen werden die Maschen gestrickt wie sie erscheinen. Die Randmaschen werden als Kettrand gestrickt.

Meine Maschenprobe in Kraus rechts:
20 Maschen x 28 Reihen = 10 cm x 10 cm

Anleitung

34 Maschen anschlagen und **10 Reihen** im 2/2-Rippenmuster stricken.

Vorbereitungsreihe a (Hinreihe)
1 Randmasche; 12 Maschen im 2/2 Rippenmuster stricken, danach 1:2 Maschen nach links zopfen (die dritte Masche von hinten links abstricken, die erste und zweite Masche von vorne rechts stricken),

2:1 Maschen nach rechts zopfen (die zweite und dritte Masche von vorne rechts stricken, die dritte Masche von vorne links stricken), 14 Maschen im 2/2 Rippenmuster; 1 Randmasche.

Vorbereitungsreihe b
1 Randmasche; 15 Maschen rechts, 4 Maschen links, 13 Maschen rechts; 1 Randmasche.

Vorbereitungsreihe c
Randmasche; alle Maschen rechts; Randmasche.

Vorbereitungsreihe d wie Vorbereitungsreihe b. Weiter mit Reihe 1 der Strickschrift (Hinreihe). Die Strickschrift zeigt nur den Muster-Ausschnitt und am Anfang und am Ende jeder Reihe als Ziffern die zusätzlichen Maschen, die das Muster seitlich einrahmen (ab der 1. Reihe sind dies immer rechte Maschen).

Zopfmuster Herzchen
Maschenzahl teilbar durch 14 + 18 + 2 Randmaschen. Musterrapport 14 Maschen breit, 20 Reihen hoch.
V Vorbereitungsreihe
[9] 9 rechte Maschen

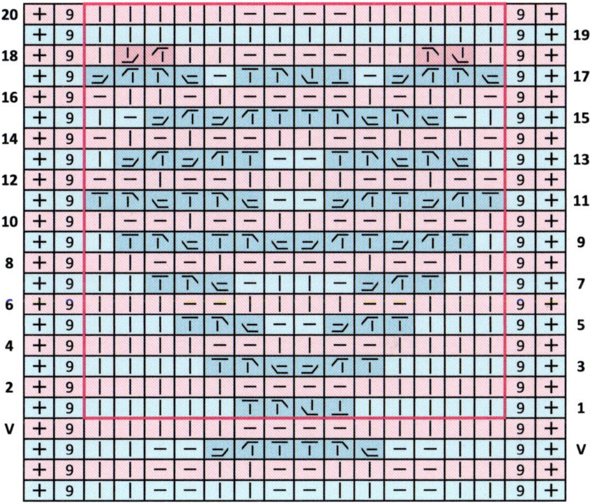

Reihe 1

1 Randmasche; 13 Maschen rechts, 2:2 Maschen nach links zopfen (die dritte und vierte Masche von hinten rechts stricken, die erste und zweite Masche von vorne rechts stricken), 15 Maschen rechts; 1 Randmasche.

Reihe 2

1 Randmasche; 15 Maschen rechts, 4 Maschen links, 13 Maschen rechts; 1 Randmasche.

Reihe 3

1 Randmasche; 12 Maschen rechts, 2:1 Maschen nach rechts zopfen (die zweite und dritte Masche von vorne rechts stricken, die erste Masche von vorne links stricken), 1:2 Maschen nach links zopfen (die

dritte Masche von hinten links stricken, die erste und zweite Masche von vorne rechts stricken), 14 Maschen rechts; 1 Randmasche.

Reihe 4

1 Randmasche; 14 Maschen rechts, 2 Maschen links, 2 Maschen rechts, 2 Maschen links, 12 Maschen rechts; 1 Randmasche.

Reihe 5

1 Randmasche; 11 Maschen rechts, 2:1 Maschen nach rechts zopfen (wie vorher), 2 Maschen links, 1:2 Maschen nach links zopfen (wie vorher), 13 Maschen rechts; 1 Randmasche.

Reihe 6

1 Randmasche; 13 Maschen rechts, 2 Maschen links, 4 Maschen rechts, 2 Maschen links, 11 Maschen rechts; 1 Randmasche.

Reihe 7

1 Randmasche; 10 Maschen rechts, 2:1 Maschen nach rechts zopfen, 1 links, 2 Maschen rechts, 1 Masche links, 1:2 Maschen nach links zopfen, 12 Maschen rechts; 1 Randmasche.

Reihe 8

1 Randmasche; 12 Maschen rechts, 2 Maschen links, 1 Masche rechts, 4 Maschen links, 1 Masche rechts, 2 Maschen links, 10 Maschen rechts; 1 Randmasche.

Reihe 9

1 Randmasche; 9 Maschen rechts, 2:1 Maschen nach rechts zopfen, 2:1 Maschen nach rechts zopfen, 1:2 Maschen nach links zopfen, 1:2 Maschen nach

links zopfen, 11 Maschen rechts; 1 Randmasche.

Reihe 10

1 Randmasche; 11 Maschen rechts, 2 Maschen links, 1 Masche rechts, 2 Maschen links, 2 Maschen rechts, 2 Maschen links, 1 Masche rechts, 2 Maschen links, 9 Maschen rechts; 1 Randmasche.

Reihe 11

1 Randmasche; 8 Maschen rechts, 2:1 Maschen nach rechts zopfen, 2:1 Maschen nach rechts zopfen, 2 Maschen links, 1:2 Maschen nach links zopfen, 1:2 Maschen nach links zopfen, 10 Maschen rechts; 1 Randmasche.

Reihe 12

1 Randmasche; 10 Maschen rechts, 2 Maschen links, 1 Masche rechts, 2 Maschen links, 4 Maschen rechts, 2 Maschen links, 1 Masche rechts, 2 Maschen links, 8 Maschen rechts; 1 Randmasche.

Reihe 13

1 Randmasche; 9 Maschen rechts, 1:1 Maschen nach links zopfen, 1:2 Maschen nach links zopfen, 2 Maschen links, 2:1 Maschen nach rechts zopfen, 1:1 Maschen nach rechts zopfen, 11 Maschen rechts; 1 Randmasche

Reihe 14

1 Randmasche; 10 Maschen rechts, 1 Masche links, 1 Masche rechts, 1 Masche links, 1 Masche rechts, 2 Maschen links, 2 Maschen rechts, 2 Maschen links, 1 Masche rechts, 1 Masche links, 1 Masche rechts, 1 Masche links, 8 Maschen rechts; 1 Randmasche.

Reihe 15

1 Randmasche; 9 Maschen rechts, 1 Masche links, 1:1 Maschen nach links zopfen, 1:2 Maschen nach links zopfen, 2:1 Maschen rechts zopfen, 1:1 Maschen nach rechts zopfen, 1 Masche links, 11 Maschen rechts; 1 Randmasche.

Reihe 16

1 Randmasche; 10 Maschen rechts, 1 Masche links, 2 Maschen rechts, 1 Masche links, 1 Masche rechts, 4 Maschen links, 1 Masche rechts, 1 Masche links, 2 Maschen rechts, 1 Masche links, 8 Maschen rechts; 1 Randmasche.

Reihe 17

1 Randmasche; 8 Maschen rechts, 1:1 Maschen nach links zopfen, 1:1 Maschen nach rechts zopfen, 1 Masche links, 2:2 Maschen nach links zopfen, 1 Masche links, 1:1 Maschen nach links zopfen, 1:1 Maschen nach rechts zopfen, 10 Maschen rechts; 1 Randmasche.

Reihe 18

1 Randmasche; 11 Maschen rechts, 1:1 Maschen nach links zopfen (aber rechts abstricken), 2 Maschen rechts, 4 Maschen links, 2 Maschen rechts, 1:1 Maschen nach links zopfen (aber rechts abstricken), 9 Maschen rechts; 1 Randmasche.

Reihe 19

1 Randmasche; alle Maschen rechts; 1 Randmasche.

Reihe 20

1 Randmasche; 15 Maschen rechts, 4 Maschen links,

13 Maschen rechts; 1 Randmasche.

Die Reihen 1 bis 20 beliebig oft wiederholen – je nachdem, wie hoch Deine Armstulpen werden sollen.

Am Ende nach einem fertigen Motiv (also nach einer Reihe 20) noch einmal die Reihen 3 und 4 stricken, und danach noch 6 Reihen im 2/2 Rippenmuster. Alle Maschen locker abketten.

Ausarbeiten

Die seitliche Naht mit kleinen Stichen schließen, dabei einen Schlitz für den Daumen offen lassen.

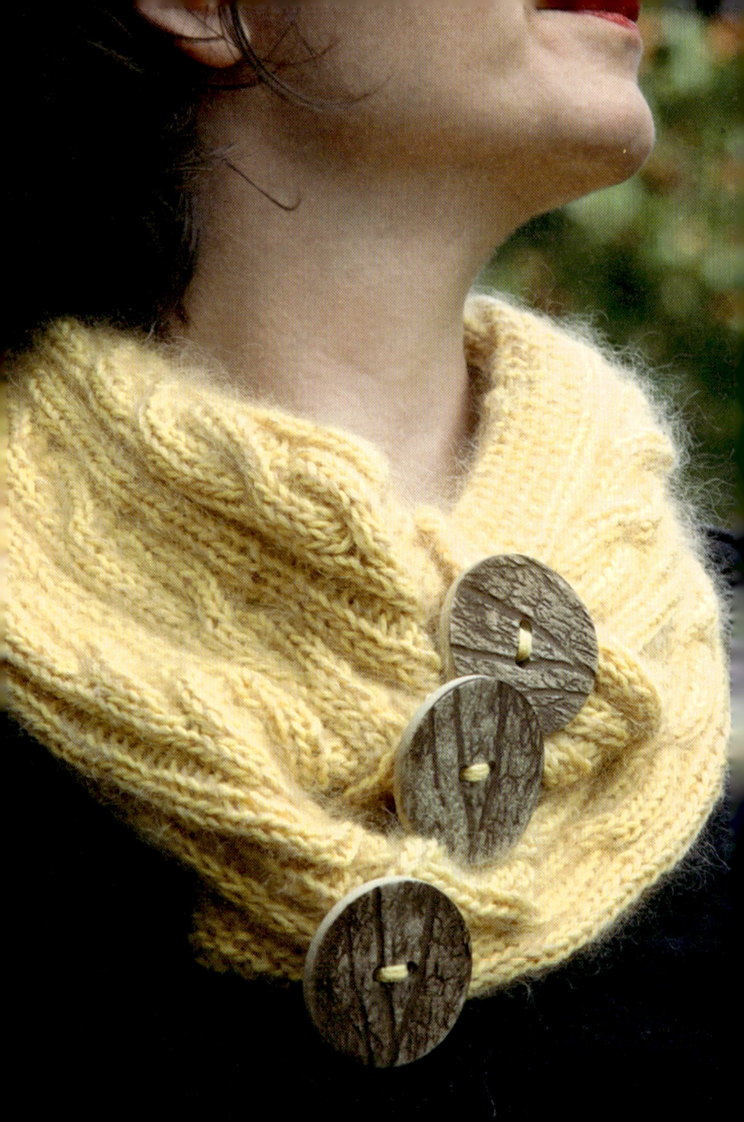

Neckwrap mit Zopfmuster reversi

Mit so einem flauschig-weichen „Halswickel“ (von neck = Hals und wrap = wickeln) liegst Du voll im Trend! Wenn Du dafür das gleiche Material verwendest wie für die Armstulpen hast Du ein modisches Ensemble für kalte Wintertage.

Größe: eine Größe passt allen
Material: 3 Knäuel Omega Baby von LANG Yarns (Lauflänge 200 m/50 g), **4 Knäuel** Mohair Luxe von LANG Yarns (Lauflänge 175 m/25 g); fünf große Zierknöpfe
Nadelstärke: Rundstricknadel 5 mm, gestrickt wird mit beiden Fäden, durch die größere Nadelstärke wird der Neckwrap weicher und lockerer
Grundmuster: Zopfmuster reversi laut Strickschrift. Die Randmaschen werden als Kettrand gestrickt.
Meine Maschenprobe in Zopfmuster reversi:
18 Maschen x 25 Reihen = 10 cm x 10 cm

Anleitung

77 Maschen anschlagen (= 5 Musterrapporte plus Randmaschen) und 11 Reihen Vorbereitungsreihen stricken.

Danach weiter im Zopfmuster reversi bis zu einer Höhe von **70 cm** hoch stricken. Alle Maschen locker abketten.

Ausarbeiten

Das Strickstück zur Runde legen, die kurzen Kanten aufeinanderlegen und fünf große Zierknöpfe durch beide

Teile nähen. Diese so platzieren, dass jeder Knopf in der Mitte eines Zopfes liegt.

Alternative: Das Strickstück zur Runde legen, dabei aber einmal verdrehen und ebenfalls mit Knöpfen schließen, in diesem Fall spricht man von einem Möbius.

Patentmuster

Sogenannte Patentmuster ergeben besonders gut wärmende, voluminöse Strickteile, da Maschen durch Umschläge oder durch Tieferstechen praktisch doppelt verarbeitet werden.

Obwohl Strickmodelle mit Patentmuster relativ dick werden, entsteht ein weiches, anschmiegsames Gewebe. Es gibt unzählige Patentmuster sowohl einfarbig als auch mehrfarbig. Besonders beliebt sind diese Muster für wärmende Jacken, weiche, ausladende Schals, winterliche Mützen und dicke Pullover.

Bei Patentmustern ist zu bedenken, dass sie mehr Garn benötigen als andere Muster und dass sie aufwändiger zu stricken sind, da pro Reihe eigentlich immer nur eine halbe Reihe in der Höhe entsteht.

Weiters ist zu beachten, dass sich Patentmuster erst nach ein paar Reihen entfalten.

Vollpatent

Maschenzahl teilbar durch 2 + 2 Randmaschen.
Musterrapport 2 Maschen breit, 1 Reihe hoch.
V Vorbereitungsreihe

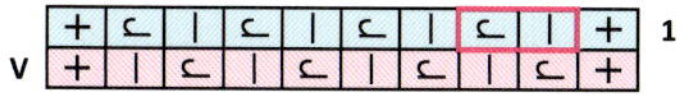

Anleitung

Vorbereitungsreihe (Rückreihe)

Randmasche; * 1 Masche rechts, 1 Masche links abheben, der Faden bleibt auf der Masche bzw. auf der Nadel *.

Von * bis * laufend wiederholen; Randmasche.

Die Maschen mit Umschlag, die so entstehen, nenne ich der Einfachheit halber „Doppelmaschen“.

Reihe 1

Randmasche; * die Doppelmasche als 1 Masche rechts stricken, die folgende einfache Masche links abheben mit Faden auf der Masche (wie in Reihe 1) *.

Von * bis * laufend wiederholen; Randmasche.

Reihe 1 fortlaufend wiederholen.

Ajourpatent

Maschenzahl teilbar durch 3 + 2 Randmaschen.

Musterrapport 3 Maschen breit, 2 Reihen hoch.

V Vorbereitungsreihe

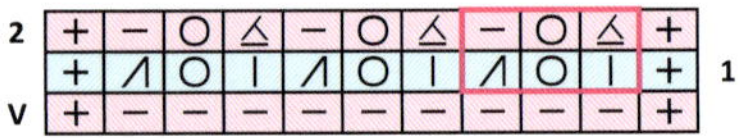

Anleitung

Vorbereitungsreihe (Rückreihe)

Randmasche; alle Maschen links; Randmasche.

Reihe 1 (Hinreihe)

Randmasche; * 1 Masche rechts, 1 Umschlag, 2 Maschen rechts zusammenstricken (in weiteren Reihen Masche

mit Umschlag der vorigen Reihe zusammenstricken) *.
Von * bis * laufend wiederholen; Randmasche.

Reihe 2

Randmasche; * 1 Masche links, 1 Umschlag, den Umschlag der vorigen Reihe mit der folgenden Masche links zusammenstricken *.
Von * bis * laufend wiederholen; Randmasche.
Reihen 1 und 2 fortlaufend wiederholen.

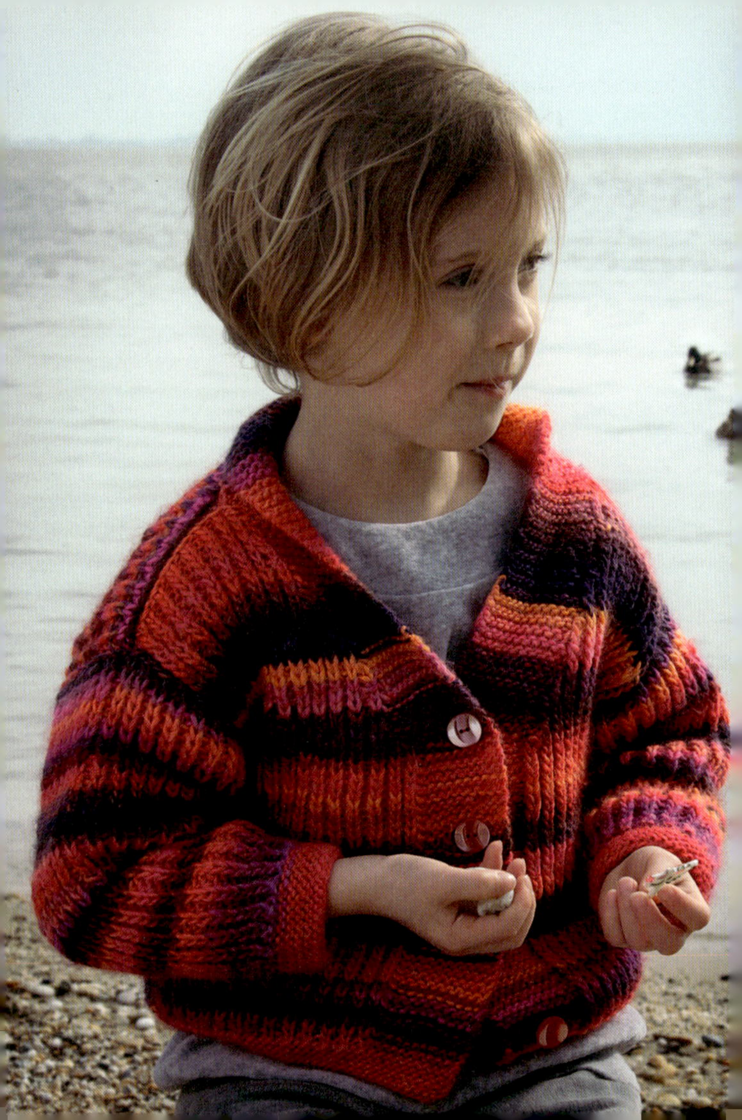

Kinderjacke mit Vollpatent

Diese Jacke ist so kuschelig, dass sie sogar als Überjacke für draußen verwendet werden kann.

Größen: 4/6/8 Jahre
Material: 5/6/7 Knäuel Mille Colori von LANG Yarns (Lauflänge 92 m/50 g); 4–6 Druck- und Zierknöpfe je nach Größe
Nadelstärke: Rundstricknadeln 4,5 mm
Grundmuster: Kraus rechts, Vollpatent
Meine Maschenprobe Vollpatent:
20 Maschen x 36 Reihen = 10 cm x 10 cm

Anleitung

Rückenteil

58/60/64 Maschen anschlagen, 10 Reihen in Kraus rechts und weiter im Patentmuster stricken bis zu einer Gesamthöhe von **33/35/38 cm** stricken. Alle Maschen abketten.

Vorderteil

32/34/38 Maschen anschlagen. Beim rechten Vorderteil (von vorne betrachtet) für die Verschlussleiste am Ende der Reihen vor der Randmasche 8 Maschen Kraus rechts, die restlichen Maschen im Patentmuster stricken.

Für den Halsausschnitt in **20/22/24 cm** Höhe vor den 8 Kraus-rechts-Maschen 2 Maschen rechts zusammenstricken. Diese Abnahme in jeder 4. Reihe wiederholen.

In **33/35/38 cm** Gesamthöhe alle Maschen bis auf die letzten 10 Maschen (die Kraus-Rechts-Maschen und je eine Masche davor und dahinter als Randmaschen) abketten. Nun den Vorderteil an den Rückenteil legen und abmessen, wie viele Zentimeter Du die Kraus-rechts-Leiste (die nun zum Kragen wird) weiterstricken musst bis zur Halsmitte des Rückenteils. Die zweite und vorletzte Masche der kleinen Leiste verdoppeln und mit diesen 12 Maschen nun so viele Zentimeter weiter Kraus rechts stricken. Alle Maschen abketten.

Den linken Vorderteil gegengleich arbeiten. Für die Abnahme am Halsausschnitt jeweils die 2 Maschen nach den 8 Kraus-Rechts-Maschen rechts überzogen zusammenstricken.

Ärmel (2 x)

36/38/42 Maschen anschlagen. 8 Reihen in Kraus rechts und danach weiter im Patentmuster stricken. Dabei für die Ärmelschrägen an beiden Seiten wie folgt zunehmen, indem Du jeweils die zweite und vorletzte Masche einer Reihe verdoppelst. Die Zahlen, wie oft die Abnahmen wiederholt werden, beziehen sich auf die Größen:

- **2/3/4 x** in jeder 4. Reihe
- **5/6/7 x** in jeder 6. Reihe
- **3/4/5 x** in jeder 8. Reihe

In **30/32/35 cm** Gesamthöhe alle Maschen abketten.
Den zweiten Ärmel genauso stricken.

Ausarbeiten

Die Schulternähte schließen.

Die Halsleiste mit kleinen Stichen am Halsausschnitt bzw. Rückenteil festnähen, beide Leisten mit kleinen Stichen in der hinteren Halsausschnittmitte zusammennähen.

Die Ärmel mit der Oberkante an den Schultern anlegen, so dass die Ärmelmitte mit der Schulternaht übereinstimmt. Ärmel an die Schultern nähen.

Die seitlichen Kanten der Vorderteile mit den seitlichen Kanten des Rückenteils zusammennähen.

Die unteren Ärmelnähte schließen.

An den Verschlusskanten Druckknöpfe nach innen annähen, außen mit Zierknöpfen versehen.

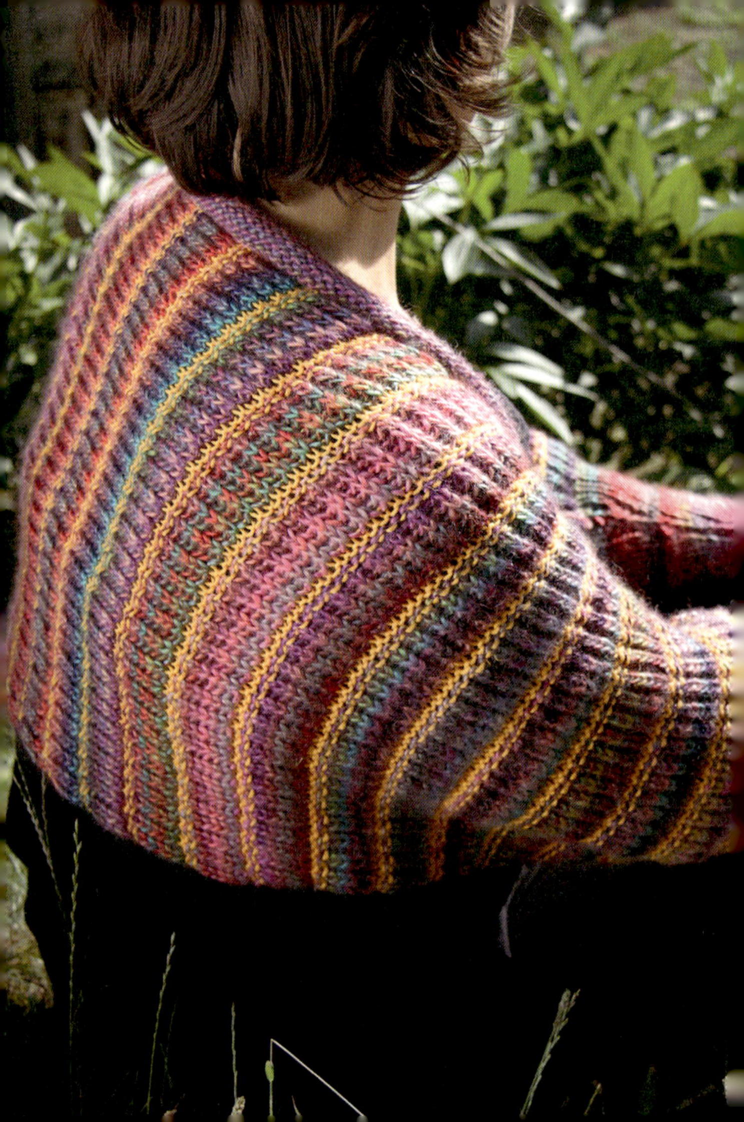

Shrug mit patenten Querrippen und Streifen

Für den Partnerlook gibt es passend zur Kinderjacke einen Shrug im gleichen Material, der mit sonnigen Streifen für gute Laune sorgt.

„To shrug“ meint im Englischen zwar ein Schulterzucken, in der Modewelt bezeichnet „Shrug“ aber eine Art Ärmelschal, der von einem Handgelenk zum anderen gestrickt wird und Arme, Schultern und Rücken wärmt.

Größen: S/M/L

Material: 7/8/8 Knäuel Mille Colori von LANG Yarns (Lauflänge 92 m/50 g), **1/2/2 Knäuel** Omega von LANG Yarns (Lauflänge 130 m/50 g)

Nadelstärke: 1/1 Rippenmuster Rundstricknadel 4 mm, Patentmuster Rundstricknadel 4,5 mm

Grundmuster: 1/1 Rippenmuster, Querrippen-Patent (abwechselnd 12 Reihen Vollpatent in Farbe A und 2 Reihen Glatt rechts in Farbe B)

Meine Maschenprobe im 1/1 Rippenmuster (nicht gedehnt): 30 Maschen x 24 Reihen = 10 x 10 cm

Meine Maschenprobe im Querrippen-Patent: 16 Maschen x 38 Reihen = 10 x 10 cm

---

Anleitung

46/50/56 Maschen anschlagen und **19/20/21 cm** im 1/1 Rippenmuster stricken. Danach weiter im Querrippen-Patent stricken.

Für die Ärmelschrägen an beiden Seiten wie folgt zunehmen (vom Anfang an), dabei jeweils die zweite und die vorletzte Masche verdoppeln:

- **1 x** in der 8. Reihe
- **10/11/12 x** in jeder 4. Reihe
- **9/10/11 x** in jeder 10. Reihe

Danach im Querrippen-Patent für den Rückenteil **40/42/46 cm** geradeaus hoch stricken.

Danach weiter stricken für den zweiten Ärmel. Die Zunahmen des ersten Ärmels werden nun als Abnahmen gestrickt – in umgekehrter Reihenfolge, nämlich:

- **9/10/11 x** in jeder 10. Reihe
- **10/11/12 x** in jeder 4. Reihe
- **1 x** in der 8. Reihe

Wenn die gleiche Länge wie beim ersten Ärmel erreicht ist, alle Maschen abketten.

Ausarbeiten

Die unteren Ärmelnähte schließen.

Aus der oberen Kante des Rückenteils, einer oberen Ärmelöffnung, der unteren Kante des Rückenteils und der zweiten oberen Ärmelöffnung mit einer langen Rundstricknadel in regelmäßigen Abständen Maschen aufnehmen und 10 cm in Vollpatent stricken. Dabei kannst Du dich gut an Reihen bzw. Maschen orientieren.

Alle Maschen locker abketten.

Register

Legende der Strickschriften

Hinreihe – von rechts zu lesen

Rückreihe – von links zu lesen

Keine Masche – musterbedingt

Randmasche

Rechte Masche

Linke Masche

Umschlag

2 Maschen links zusammenstricken

2 Maschen rechts zusammenstricken

2 Maschen rechts überzogen zusammenstricken

Masche rechts tieferstechen

Masche verdoppeln

Masche links mit Umschlag abheben (Faden bleibt auf der Nadel)

Unsere **Zopfsymbole** zeigen das Ergebnis **nach** dem Zopfen an und sind hier mit Hilfsnadeln beschrieben:

1 rechte Masche hinter die Arbeit legen, die folgende Masche rechts stricken, danach die Masche der Hilfsnadel rechts stricken

1 rechte Masche vor die Arbeit legen, die folgende Masche rechts stricken, danach die Masche der Hilfsnadel rechts stricken